MOURIR
OU
RESTER DEBOUT

JOËL MEYNIEL

© 2017 by Meyniel Joël

Éditeurs: BoD- Books on Demand,

12/14 rond-point des Champs Elysées, 75 008 Paris.

Impression: BoD-Books on Demand, Norderstedt Allemagne.

ISBN : 9 782322085927

Dépôt légal : Novembre 2017.

MOURIR OU RESTER DEBOUT

JOËL MEYNIEL

Photographie de couverture :
Emile BETSELLÈRE, « *L'Oublié !* », 1872, huile sur toile, Musée Bonnat-Helleu, musée des Beaux-arts de Bayonne, © RMN-Grand Palais (Bayonne, Musée Bonnat-Helleu) / René-Gabriel Ojéda.

Du même auteur :

Série Chroniques criminelles :

Pèlerinage mortel, même éditeur, 2017, Paris.
Meurtres en trompe l'œil, même éditeur, 2017, Paris.

« *Il faut bien envisager la réalité, sans se monter la tête : la guerre est comme la fièvre typhoïde, il faut la fuir, mais, si on l'attrape, il faut lutter.* »

E. Tanty.
(Soldat du 129e régiment d'infanterie en 1914)

« L'ennemi est bête : il croit que c'est nous l'ennemi, alors que c'est lui ! »

Pierre Desproges.

PROLOGUE

Début Juillet, de nos jours, à ROUBAIX.

«It's close to midnight and something evil's lurking »
« In the dark, under the moonlight you see a sight that almost stops your heart. »
♫♪♫♪♫♪♫
« You try to scream but terror takes the sound before you make it...
♫♪♫♪♫♪♫
« You start to freeze as horror looks you right between the eyes, »
♫♪♫♪♫♪♫
« You're paralyzed. »

(Refrain)
♫♪♫♪♫♪♫
« Cause this is thriller, thriller night. »
« And no one's gonna save you from the beast about to strike. »
« You know its thriller, thriller night. »
« You're fighting for your life inside a killer, thriller tonight[1]. »

---

1   Thriller de Michaël Jackson. Coproduit par Quincy Jones, sorti le 30 novembre 1982 chez Epic Records.

Tout en secouant la tête au rythme de la voix de Michaël Jackson, sortant des deux baffles de cinquante watts, poussés presque au maximum, Patrice, quatorze ans, fait courir ses doigts sur le clavier de son ordinateur pour franchir le niveau quatre de son jeu vidéo de guerre préféré.

Mais c'est devenu trop facile, il le connaît par cœur. Depuis Noël il a eu largement le temps de l'explorer. Il n'a plus de secret pour lui à présent. Il va profiter de sa réussite au brevet des collèges, ce dont il ne doute pas, pour s'en faire offrir un nouveau.

Mais en dehors du jeu, il doit mener un autre combat, plus difficile celui-là, contre la chaleur qui l'assaille par grosses bouffées. Depuis deux semaines, le soleil écrase la ville de ses rayons de feu. C'est une véritable fournaise. Pas un souffle d'air, les rideaux restent obstinément immobiles. Patrice lutte pour ne pas suffoquer sous l'agression de cet air surchauffé.

Malgré ses efforts, il doit battre en retraite. Dans la cuisine, il sort du réfrigérateur une bouteille de soda light. La bouteille se vide aussi vite qu'un oued en Afrique du Nord.

Assis, ou plus exactement avachi sur la chaise, il n'a pas le courage de remonter dans sa chambre.

— Quelle chaleur, c'est dingue !

Tout en laissant son esprit divaguer sur les différentes formules de manifestation de plainte contre cette chaleur, son regard s'arrête sur la porte qui conduit à la cave.

La cave.
Le mot déclenche en lui une réflexion :
Cave veut dire : sous-terre et sous-terre veut dire : fraîcheur.
C'est aussi simple que cela. Pourquoi n'y a-t-il pas pensé plutôt ? La voilà, la solution. Déjà, rien que le mot fraîcheur le remplit d'aise.
Comme beaucoup de maisons anciennes, la maison familiale possède un sous-sol, ou plus exactement une salle basse, voûtée en berceau brisé, en position de cave à la suite d'un exhaussement du sol et une cuisine arrière donnant sur un jardin intérieur. Ce type de cave n'est pas sans rappeler ce qu'on appelait au XIXe siècle des tanières de poitrinaires. Elles servaient de logements de fortune à des pauvres hères ou à des domestiques. Il descend avec précaution dans cet endroit qu'il ne connaît pas, en fait. C'est un monde inconnu, dans la mesure où, la maison, pour lui, se résume à la cuisine, la salle à manger et surtout sa chambre. Le reste…
Un air rafraîchi l'accueille. Une myriade de particules de poussière danse une sarabande dans les étroits rais de lumière provenant de deux soupiraux.
Le plafond lambrissé y est bas, c'est pour cela qu'on l'appelle la cave. Il est constitué d'une ossature de grosses poutres, portant sur des pierres saillantes ou corbeaux et de solives apparentes espacées, dont les intervalles sont habillés de lattes, de plâtre et de gypse introduits dans les interstices.
Au sol, il ne reste presque plus rien du pavement de terre émaillée d'origine. Aujourd'hui, pour mieux combattre le froid venu du sol, des nattes le recouvrent. Pour l'heure,

avec trente-quatre degrés à l'extérieur, ce n'est pas un problème.
— Quel foutoir là-dedans ! Et dire qu'on me casse les pieds pour que ma chambre soit toujours rangée. Tous les mêmes, c'est toujours « *fait c'que j'dis...* ».
— Bon, c'est le bazar, mais au moins, il y fait bon, c'est déjà ça. Il faut que j'aménage un peu ce fourbi, sinon ça ne va pas le faire.
Il réussit à dégager une vieille table de camping qui a connu des jours bien meilleurs.
— Voilà, reste plus qu'à trouver un siège, puis, j'irai chercher mon baladeur, et de quoi boire.
Son regard est alors attiré par ce qui semble être une pile d'albums de bandes dessinées. Il s'approche, dépoussière le dessus de la pile et la couverture d'un numéro de « *La famille Fenouillard* [1] » apparaît.
— Ça existait déjà les B.D... Elles sont très bizarres, se dit-il, après avoir parcouru deux ou trois numéros.
Sous une série de numéros, il découvre plusieurs journaux d'apparence ancienne. Il en cherche la date : 1914.
— Ouah ! Supercool.

---

[1] *La Famille Fenouillard* est une des premières bandes dessinées françaises parue en 1889 dans le journal de la jeunesse puis dans le petit journal illustré. Reprise en album dès 1893 chez Armand Colin, *la Famille Fenouillard* marquera toute une époque par son humour. C'est une critique caustique des mœurs de province.

Il déplie le premier journal et lit la une :

LE MATIN

L'Allemagne déclare la guerre à la France.
Les premiers actes d'hostilité.

Il en prend un deuxième ;

LE PETIT COURRIER

M. JAURÈS a été assassiné dans un café.
L'assassin a été arrêté.

LA SITUATION DEVIENT GRAVE.

Un décret met l'Allemagne en état de guerre.
Le tsar de son côté ordonne la mobilisation générale des armées de terre et de mer.

Puis un troisième ;

LE PATRIOTE

L'Allemagne déclare la guerre à la Belgique.
Enthousiasme patriotique sans précédent.

Un quatrième ;

LE XXe SIÈCLE

L'Allemagne a déclaré la guerre à la France. Elle a notifié à la Belgique qu'elle est obligée de passer par son territoire même de force.

Il arrête là sa lecture, car il avise un vieux cartable d'écolier. Il lui faut faire quelques efforts pour parvenir à le dégager, car il est coincé derrière un coffre.
— Ça doit être le cartable du father. Voyons un peu ce qu'il y a là-dedans. On va voir s'il bossait aussi bien qu'il le dit.
En imitant la voix et la posture de son père, il déclame :
— « *Moi, tu comprends à ton âge* », bla, bla, bla… À mon avis, pour le cacher aussi bien, c'est que ça ne doit pas être aussi géant.
Quand il parvient à extirper le cartable, il l'ouvre avec une certaine délectation, sûr d'y trouver de quoi faire enrager son père. Une petite revanche, sur les réflexions concernant son travail scolaire, endurées depuis quelques années, en quelque sorte.
Mais il est déçu.
Le cartable ne lui livre que de vieilles photos sur lesquelles, il ne reconnaît personne. D'autres encore, où des hommes en uniformes sourient au photographe.
— Ah, il y a autre chose au fond. Un cahier. Cool. Ça, c'est à lui…
Il le prend avec précaution. Sur la couverture, dans une écriture soignée, il est écrit :

Journal de guerre de Pierre D.

1914-1922.
Journal écrit par Francis D., son fils.

Visiblement, ce cahier n'appartient pas à son père, mais à son grand-père Francis. Un peu déçu, il l'ouvre et découvre une photo légendée collée à la première page.

— 1914 ! Mais ça fait un siècle ! Je n'y crois pas… C'est une photo de mes grands-parents et arrières grands-parents…

Pierre est le 3ᵉ à partir de la droite. Il est entouré de ses frères d'Albert, Jean, Léon, Henry, Maurice, André et Raymond. Paul n'est pas sur la photo. Son père, Henri, est né en 1842 et sa femme Hermance, en 1850 sont au centre. Moi je suis assis sur le sol.

(Photo prise le 14 juillet 1914)

Sur la deuxième page, il peut lire en gros caractères…

ROUBAIX 1914.

Bien au frais dans le ventre de la cave, alors que les cloches de l'église Saint-Martin sonnent les deux coups du début de l'après-midi, Patrice se plonge dans la lecture de ce cahier, dans lequel son grand-père semble avoir écrit les souvenirs de guerre de son père.
Il va remonter cent ans en arrière pour vivre dans une autre fournaise, cette fois, celle de l'enfer de la guerre. Un jeu néronien où les « joueurs », contrairement à ceux des jeux vidéo, n'ont droit, qu'à une seule vie.

Patrice, avec de grandes précautions ouvre la première page du journal, commence à lire.

I

LILLE/ROUBAIX 1914

Mon nom est Francis. Je suis le fils aîné de Pierre et d'Adèle D. Bernard est mon frère cadet.

En écrivant l'histoire de mon père Pierre, d'après ses carnets de campagne écrits pendant cette terrible épreuve que fut cette guerre, je veux créer un lien avec les membres de notre famille, mes aussi nos amis et avec à toi aussi lecteur inconnu, pour que vous vous souveniez.

Je veux ainsi ouvrir une voie à une plus grande proximité et, donc, à des relations plus intéressantes et plus authentiques. C'est aussi transmettre des idées et des leçons de vie. Ce qu'il a appris, traversé, expérimenté. La sagesse que vous en retirerez, pourra peut-être aider à ce que cela ne recommence pas.

En lisant tout ce qu'il a vécu, et surtout la manière dont il l'a vécu, vous pourrez prendre le temps de retrouver et de toucher du doigt sa vérité. Car il a exprimé ce qui s'est passé dans son cœur et dans ses tripes.

Je veux dissoudre et dépasser les pertes, les douleurs, les regrets et sentiments de culpabilité qui nous accrochent malgré nous au passé.

On deviendra j'espère, plus libre, et plus léger pour aller de l'avant.
À présent que tout est fini je veux témoigner au nom et pour tous ceux qui sont restés par dizaines enterrées dans maints endroits, tous ces morts, respectueusement alignés au début, mais par la suite placés dans n'importe quel désordre selon les arrivées.
Des tombes, et le mot est bien exagéré, à n'en plus finir et dans tous les sens avec n'importe quoi qui tombait sous la main pour signaler qu'à tel endroit, un homme était mort pour défendre son pays.
Défendre son pays… Je me pose encore la question.
Défendions-nous vraiment notre pays, ou fournissions-nous la matière première à une industrie meurtrière assoiffée de vivants afin d'assouvir des appétits politiques et/ou financiers nous dépassant.
J'en reste convaincu.

Enfin je veux témoigner sur les faits de cette époque pour vous permettre, à vous, lecteurs de mesurer les sacrifices de ces hommes.
Après tout, vous vous demandez peut-être pourquoi le récit de sa vie vous intéresserez ?
C'est justement en le lisant que vous aurez la réponse à cette question !

*

Qui était-il ? Pierre est originaire de Wimereux près de Boulogne-sur-Mer dans le Nord. Il est né le 13 septembre 1883 à Roubaix.

Il a huit frères, Albert, Jean, Léon, Henry, Maurice, André, Raymond. Paul n'est pas sur la photo. Il s'est marié en 1901, à Roubaix. Sa femme, Adèle lui a donné deux enfants, moi, Francis et Bernard. Il naîtra un peu plus tard une sœur, Micheline.
Son père, Henri, est né en 1842 et sa femme Hermance, en 1850.
C'est un homme comme tant d'autres, du moins, il était un homme comme tant d'autres. Mais aujourd'hui, au moment où j'écris ces lignes, je crois qu'il n'est plus tout à fait comme avant. Ces gens-là, survivants de cette tragédie, sont marqués à jamais.
La guerre est sans doute, l'une des expériences humaines des plus difficiles à raconter. Cela vient, je pense, du fait qu'aucun récit, quel qu'il soit, ne pourra rendre pleinement compte de la souffrance qu'ils ont subi.
Je voudrais bien voir les gens qui vous poussent à la guerre sur un champ de bataille. À la guerre, un type qui peut mourir avec courage est un idiot.
On dit souvent que la guerre est l'état habituel du genre humain, que c'est le recours habituel pour vider un différend, pour moi c'est surtout un sanglant démêlé où le courage, la tactique, et souvent le nombre fait triompher un intérêt de parti ou de nationalité ; meurtres et pillages à ciel découvert, où le plus de morts et de ruines parmi les uns rapportent aux autres plus de salut, de gloire et de joie.
La paix nourrit le cultivateur, la guerre le détruit, même au milieu des plus riches campagnes. Dans une telle mêlée, tous, n'ont eu qu'un seul but : survivre, mourir ou rester debout.

Je crois me souvenir que Démosthène disait que la manière de bien conduire une guerre ce n'est pas de suivre, mais de précéder les événements. Un général marche à la tête des troupes, de même un bon politique doit marcher à la tête des affaires, afin d'être toujours le maître d'agir suivant sa volonté, sans être jamais obligé de se traîner à la suite des événements.
Malheureusement pour nous, nos officiers ont été loin d'être toujours à la hauteur.

*

Parler d'une telle tragédie n'est pas chose facile.
En 1914, l'Europe domine le monde.
Quand sera-t-il à votre époque ?
L'Europe est riche. L'industrialisation a permis une élévation du niveau de vie sans précédent. Certains voient dans le progrès industriel l'aube radieuse d'un monde libéré de ses servitudes.
Personne, en ce magnifique été 1914, ne pouvait imaginer qu'un attentat commis à Sarajevo, ville dont on n'avait jamais entendu parler, allait entraîner l'Europe dans une folie meurtrière, une guerre totale mobilisant l'ensemble des populations et des ressources des belligérants, n'épargnant personne, ne s'embarrassant pas de considérations morales ?
Rien ne permettait de penser que nos chefs des États européens se livreraient à une telle extrémité.
Ne sont-ils pas tous cousins ?

Alors pourquoi se faire la guerre ?
Victoria, la reine du Royaume-Uni, d'Écosse et d'Irlande, est la grand-mère de l'Europe. Elle a épousé son cousin Albert de Saxe-Cobourg-Gotha, cousin de Ferdinand II, roi de Portugal et de Léopold II, roi des Belges.
Certes, comme à toutes les époques, il y a des rivalités internationales susceptibles de dégénérer en affrontement armé. Ces rivalités, d'ordre économique, opposent les États européens depuis de nombreuses années. Elles conduisent tous les pays à renforcer leurs tarifs douaniers, sauf le Royaume-Uni qui reste fidèle au « Libre-échange ».
Il y avait aussi des rivalités coloniales. En 1914, le Royaume-Uni et la France, avec leurs empires coloniaux, se partagent le monde. Mais en 1914, il ne reste plus de territoires à se partager. Or l'Allemagne, qui possède un empire colonial très peu étendu (L'Afrique Orientale Allemande, la Tanzanie actuelle ; le sud-ouest Africain Allemand, la Namibie actuelle, le Togo ; le Cameroun ; l'Archipel Bismarckle nord-est de la Nouvelle-Guinée), les Îles Mariannes, Marshall et Carolines (actuels États fédérés de Micronésie) cherche de nouvelles zones d'influence ou colonies qui lui assureront également des débouchés et des matières premières. Déjà en 1906 et 1911, la guerre a failli éclater entre la France et l'Allemagne à cause du Maroc.
L'Allemagne ne peut supporter plus longtemps cet impérialisme Franco-britannique.
Mais ces problèmes ne suffisent pas à expliquer le caractère profond de cette guerre.

Aussi, faut-il chercher plus loin les racines du mal.

En fait, l'Europe est travaillée par un profond malaise : l'exaltation nationaliste. Il faut dire que la situation de l'Europe, en matière de conflits potentiels, n'offre que l'embarras du choix. L'Angleterre craint la montée en puissance de la flotte allemande en Mer du Nord. Du moins c'est mon intime conviction.

L'Allemagne redoute la volonté de revanche de la France, souhaite accroître sa sphère d'influence à l'Est et remettre en cause la suprématie navale britannique (la marine est la passion de Guillaume II). Elle développe également le Pangermanisme.

L'Autriche-Hongrie est secouée par ses minorités qui réclament une plus large autonomie, voire l'indépendance (Tchèques, Slovaques, Polonais, Ukrainiens, Roumains, Serbes, Slovènes, Croates, Italiens).

Dans les Balkans, la Serbie souhaite un débouché sur la mer Adriatique et venir en aide à la minorité Slave de l'empire Austro-hongrois et les Serbes de Bosnie souhaitent leur rattachement à la Serbie.

L'Italie souhaite contrôler la mer Adriatique et annexer les territoires de la minorité italienne vivant au sein de l'empire Austro-hongrois, « Les Terres Irrédentes » : Trentin, Istrie, Dalmatie.

La France souhaite rattacher les « Provinces perdues » : Alsace-Lorraine à son territoire.

La Russie redoute les ambitions allemandes à l'Est et cherche un accès aux mers chaudes.

La Turquie redoute la volonté d'accès à la Méditerranée de l'empire Russe.

En décembre 1912, le général Von Moltke, chef d'état-major allemand, estimait qu'une conflagration générale était devenue « *inévitable et le plus tôt serait le mieux* ». C'est dans ce contexte très tendu que la catastrophe survint.
En ce magnifique été 1914 donc, le 28 juin 1914, un étudiant bosniaque, au nom de Princip, assassine François-Ferdinand, prince héritier d'Autriche-Hongrie et sa femme, lors d'un voyage officiel à Sarajevo, capitale de la Bosnie. L'enquête révèle que l'auteur de l'attentat est membre d'une organisation secrète (la Main Noire) dont le but est de libérer tous les Slaves du sud de la domination autrichienne, afin de les regrouper autour de la Serbie. Gavrille Princip l'auteur de l'attentat est âgé de 19 ans. Il est né à Grahovo, dans le district de Livno. Il a avoué au cours de son interrogatoire, avoir depuis longtemps déjà l'intention de tuer une haute personnalité quelconque « pour des motifs d'ordre international » !
Il a hésité un moment, a-t-il dit, du fait de la présence de la duchesse. Il nie avoir eu des complices. C'est ce qui était écrit dans le journal « Le Matin », du lundi 29 juin 1914.
L'Autriche-Hongrie ne dispose pas de preuve formelle, cependant, le 23 juillet, elle adresse à Belgrade un ultimatum inacceptable. En réalité, Vienne veut saisir l'occasion pour écraser la Serbie.
Berlin décide de soutenir inconditionnellement l'Autriche-Hongrie. L'état-major allemand, sous-estimant la préparation de l'armée russe, pense qu'il n'y a aucun risque de « dérapage », c'est-à-dire d'internationalisation du conflit.

La logique des alliances va internationaliser le conflit en cinq jours.
Le 28 juillet, malgré l'acceptation de l'ultimatum par la Serbie, l'Autriche-Hongrie déclare la guerre à la Serbie.
La Russie mobilise le lendemain. Le 30 juillet, l'Angleterre propose, trop tard, une paix de compromis dans les Balkans et prévient qu'elle ne pourra rester neutre en cas de guerre Franco-allemande.
Le 31 juillet, Berlin adresse un ultimatum à la Russie, puis déclare la guerre le 1er août. Le 2, la France lance l'ordre de mobilisation générale. Le 3, l'Allemagne déclare la guerre à la France, l'Italie se déclare neutre. Le 4, invasion de la Belgique par l'armée allemande. L'Angleterre déclare la guerre à l'Allemagne. Le 6 août l'Autriche-Hongrie déclare la guerre à la Russie.
Lorsque le 3 août, l'Allemagne déclare la guerre à la France, le réveil est brutal. La nouvelle provoque stupeur et abattement. Mais l'idée que la France agressée doit se défendre domine.
L'armée redoute que les nouveaux mouvements pacifistes ne perturbent la mobilisation, mais ses craintes ne semblent pas justifiées et la mobilisation se déroule sans troubles.
On observe bien çà et là quelques réticences, mais dans leur immense majorité les Français sont résignés, voire décidés.
— « À Berlin ! A Berlin ! ».
Voilà ce que scandent les soldats qui partent en direction du front sous les acclamations de la foule. Pour tous, il ne s'agit que d'une promenade de santé.

D'ailleurs, pourquoi s'inquiéter, avec les moyens modernes dont on dispose, la guerre ne peut être que courte…

Pas un seul homme politique n'est suffisamment clairvoyant pour comprendre qu'un conflit généralisé signifierait le suicide de l'Europe.

Pas un seul homme d'État ne sait faire preuve du courage et de l'intelligence nécessaire pour empêcher la cause de la catastrophe.

Pire, le développement du sentiment nationaliste a préparé les opinions publiques à l'idée de la nécessité de la guerre.

Le poète Charles Péguy aurait confié à ses proches :

— « *Si je ne reviens pas, gardez-moi un souvenir sans deuil. Ce que nous allons faire en quelques semaines ne vaut pas toutes les années d'une longue vie.* »

« *La guerre est une nécessité biologique, un régulateur indispensable de la vie de l'humanité* », écrit le général allemand Von Bernhardi.

Dans la plupart des villes de France, en cette belle matinée du 3 août 1914, des drapeaux ornent les fenêtres. Quelques boutiques portent un écriteau sur leur porte :

« ***Fermé pour cause de mobilisation. Le propriétaire est aux armées.*** »

Les épiciers enlèvent de leur devanture ce qui peut rappeler l'Allemagne et l'Autriche : pain viennois, bière de Munich, etc.

Mais sur les 8 194 118 hommes mobilisés en France entre 1914 et 1918, 17 %, soit 1 393 000 ne reverront jamais la place de leur village. Ils avaient 20, 25, 30 ans parfois plus et, l'avenir devant eux en ce début de siècle prometteur. Sans se faire d'illusions sur l'intérêt réel du conflit, ils n'en ont pas moins accompli leur devoir avec un courage qui force l'admiration. Mais en ce début du mois d'août nous n'en sommes pas encore là.

L'hiver russe avait déferlé sur l'Europe début décembre 1913. En janvier, la vague de froid avait marqué durablement les esprits par l'embâcle des cours d'eau ainsi que les fortes chutes de neige. Il a été enregistré des températures de moins vingt-deux degrés au sol.
Le début de l'été 1914 n'a pas été fameux non plus, le temps était quasi automnal. Au milieu du mois de juin, de très virulents orages se sont abattus, créant des tranchées béantes dans plusieurs villes. Le métropolitain parisien a même été inondé à plusieurs reprises.
À présent, avec le recul, on peut se demander si après ce déluge d'eau, les cieux ne voulaient pas prévenir d'un autre déluge, mais de feu, qui attendait, celui-là.
Le 1er juillet, sans transition, un été de canicule s'était installé. Le mercure avait dépassé les trente degrés.
À la mi-juillet, avec nos parents, nous avions fui la chaleur étouffante de Roubaix pour profiter de la fraîcheur de la mer. Nous étions dans la famille à Wimereux, près de Boulogne sur Mer.
Wimereux est une station balnéaire de villégiature créée sous le Second Empire. Elle a pris le nom du fleuve qui

se jette dans la mer. Vauban y a construit l'un des forts de protection du littoral. Wimereux, d'abord sur le territoire de Wimille, s'en est détachée pour devenir une ville en 1860. Son viaduc ferroviaire, sa gare, son casino, l'usine à gaz construite en 1883, l'arrivée de l'eau courante en 1894, ses hôtels équipés de l'électricité et d'ascenseur témoignent de son modernisme. Elle accueille le travail des scientifiques. Elle est un peu un lieu d'expériences d'avant-garde et de profit. Guglielmo Marconi et Édouard Branly, les pionniers de la TSF, le capitaine Ferber, aviateur, y partagèrent leurs travaux et leurs exploits.

Le développement des transports a été la modernité la plus décisive. La ville est à présent ouverte sur le reste du monde. Elle attire des villégiateurs français, mais aussi anglais, belges, et même russes. Wimereux compte cinquante hôtels, pensions de famille et près de huit cents villas.

Hors de la ville, à l'intérieur des terres, les champs de blé, parsemés de bleuets et de coquelicots, n'avaient jamais été aussi beaux. Ils n'attendaient que la faux des moissonneurs.

La faux des moissonneurs… Quel synchronisme !
C'est une autre faux, pour une moisson bien différente qui se préparait, celle de millions d'épis humains livrés à la lame de la *« grande faucheuse »*.

Le samedi 1ᵉʳ août 1914, la France s'éveille dans la fièvre de la « Une » des premières éditions de la presse matinale :

L'Allemagne vient d'adresser un ultimatum à la France et à la Russie, les sommant de ne pas mobiliser.

Pourtant, à Wimereux comme dans toutes les communes de France, ce n'est qu'à 16 h 30, que les premières affiches de mobilisation, écrites à la main, sont collées sur les murs. Les cloches des églises sonnent le tocsin pour engager toute la population masculine de France à la défense de la Patrie.
Le choc est brutal. C'est comme un coup de tonnerre.
La foule qui envahi les rues est une foule étrange, muette, une foule silencieuse, d'un calme pesant.
La guerre commence dans un silence oppressant.
Les paroles semblent avoir du mal à sortir des gorges. Il n'y a ni surprise, ni crainte. Les scènes d'enthousiasme sont rares.
Quand ma famille entend le tambour du garde champêtre, elle va écouter ce qu'il a à annoncer. La résignation et la tristesse dominent les esprits. Mais les hommes ne se dérobent pas
De retour chez nous, chacun est là, assis autour de la table de la salle à manger, perdu dans ses pensées.
Le silence est si lourd que l'on peut en ressentir le poids.
Mon grand-père est le premier à le rompre :
— Qui aurait pu imaginer une chose pareille ?
— Personne, quoique…, dis, mon père.

— C'est à n'y rien comprendre. Grâce à nos industries nous avons un niveau de vie comme jamais on n'a connu. Les monnaies sont stables. Les automobiles, les paquebots transatlantiques, les avions révolutionnent les transports. N'avons-nous pas là, les indices d'un monde libéré de ses servitudes ?
— On peut le penser ainsi. Les progrès sont une chose, mais vous[1] oubliez les problèmes politiques. Oui, on vouvoie ses parents, alors.
Il reprend, en s'énervant modérément :
— Des problèmes ! Victoria, la reine d'Angleterre, n'est-elle pas la grand-mère de l'Europe ? Son cousin de mari, Albert de Saxe-Cobourg-Gotha, est le cousin de Ferdinand II, roi du Portugal et de Léopold II, roi des Belges. Huit de ses petits-enfants occupent un trône. Alors, dis-moi un peu, pourquoi se feraient-ils la guerre ? C'est absurde.
— Ce n'est rien, de le dire. Mais l'assassinat du prince héritier d'Autriche-Hongrie et de sa femme, le 28 juin dernier, à Sarajevo, par cet étudiant Gavrille Princip n'a pas arrangé la situation. Bien au contraire.
— Tu as eu des informations sur cet individu ?
— L'enquête a révélé qu'il serait membre d'une organisation secrète du nom de « la Main noire », dirigée par un dénommé colonel Dragutin Dimitrievitch, surnommé « Apis », chef des services du 2e bureau serbe.
— Bah, du menu fretin, que tout cela ! Et puis Sarajevo, c'est loin, cette histoire ne nous concerne pas.
— Oh que si, père. C'est le plus dangereux des groupes

---

[1] À cette époque dans beaucoup de famille on vouvoie les parents.

expansionnistes. Il est, de plus, soutenu par la Russie.
— Les Russes, que veulent-ils donc, ceux-là ?
— Libérer tous les Slaves du sud de la domination autrichienne, afin de les regrouper autour de la Serbie.
— Rien que cela. C'est de l'utopie !
— Utopie ou pas, lorsqu'il a pressé sur la détente de son revolver, personne, pas même Princip, lui-même, n'a réalisé qu'il venait de mettre en marche la mécanique d'une machine infernale.
— De quelle machine infernale parles-tu, Pierre ?
— Celle des Alliances, Père, signées ces dernières années.
— Les Alliances ! Ah oui, parlons-en des alliances. Si tu veux le fond de ma pensée, on n'avait pas besoin de ces arrangements. La France est assez forte pour se tirer d'affaire seule. Mais je reconnais que c'est plutôt rassurant de voir que les états veulent coopérer. Non ?
— Vous avez, en partie raison, Père, on a beau dominer le monde, il n'est jamais bon de rester isolé. Bonnes ou mauvaises, ces alliances étaient nécessaires. Il y a des intérêts communs, même si, certains points de vue divergent. Mais chaque médaille à son revers, et il y a quelques ombres au tableau.
— Des ombres, lesquelles, Pierre ?
— Vous oubliez les rivalités, toujours susceptibles de dégénérer en affrontement armé, et la chose n'est pas nouvelle.
— Des broutilles !
— Des broutilles ! Vous appelez ça des broutilles ! Des broutilles les rivalités économiques, qui opposent tous les pays d'Europe depuis de nombreuses années et

les conduisent, tous, à renforcer les tarifs douaniers, mis à part le Royaume-Uni, qui reste fidèle à son « Libre-échange ».

Des broutilles, les rivalités coloniales, qui empêchent l'Allemagne d'assurer son approvisionnement en matières premières et d'avoir des débouchés, car elle ne possède qu'un petit empire colonial, tout ça parce que l'Angleterre et la France se partagent le monde.

Des broutilles, le fait que l'Allemagne ne supportera plus longtemps l'impérialisme franco-britannique. Elle a besoin et cherche de nouvelles zones d'influence. Déjà, souvenez-vous, en 1906 et 1911, la guerre avait bien failli éclater entre nos deux pays à cause du Maroc.

Et puis, vous évoquiez, tout à l'heure, les liens familiaux des familles royales, mais vous savez bien que comme dans toutes les familles, même si elles sont royales, il y a des jalousies, et des rancœurs.

— Oui, bien sûr, mais se faire la guerre, c'est autre chose !

— Je suis bien d'accord avec vous Père, ces adversités n'expliquent pas tout. C'est pour cela qu'il faut chercher plus profondément les racines du mal.

— Et tu as ta petite idée là-dessus, je suppose ? Toi et tes frères, vous en avez discuté, sans moi, bien sûr !

— C'est vrai nous en avons discuté, mais pas dans votre dos, Père. Nous sommes convaincus qu'il y a, depuis quelques mois, en Europe, un profond malaise engendré par l'exaltation nationaliste. En matière de conflits potentiels, la situation, malheureusement, n'offre que l'embarras du choix. Il y a des abcès à crever.

— À ce point-là ?

— Hélas, oui. Tenez, prenez l'Angleterre, en tant que première puissance navale, elle ne peut admettre, ni tolérer la montée en puissance de la flotte allemande en mer du Nord.

L'Allemagne, quant à elle, redoute notre volonté de récupérer l'Alsace-Lorraine et notre esprit de revanche. Elle souhaite donc accroître sa sphère d'influence à l'est et développer le Pangermanisme.

L'Italie souhaite contrôler la mer Adriatique et annexer les territoires de la minorité italienne vivant au sein de l'empire austro-hongrois, « Les Terres Irrédentes » : Trentin, Istrie, Dalmatie.

Dans les Balkans, la Serbie souhaite un débouché sur la mer Adriatique et venir en aide à la minorité slave de l'empire austro-hongrois et les Serbes de Bosnie, eux, souhaitent leur rattachement à la Serbie.

Vous avez là, largement de quoi alimenter un ou plusieurs conflits. D'ailleurs, déjà en 1912, le général Von Moltke estimait qu'une conflagration générale était, je reprends ses paroles : « Inévitable et le plus tôt serait le mieux ».

— Vu ainsi, tu brosses là un tableau guère brillant de la situation.

— C'est un fait, et l'assassinat, du prince héritier était une trop belle occasion pour l'Autriche-Hongrie d'écraser la Serbie. Vienne ne pouvait pas laisser passer cette opportunité. C'est d'ailleurs pour cela que l'ultimatum adressé à Belgrade était formulé afin d'être inacceptable. Berlin, il fallait s'en douter, ne pouvait que soutenir inconditionnellement l'Autriche-Hongrie, convaincu, comme vous, que ce « problème mineur » ne

pourrait entraîner un risque de « dérapage » vers un conflit plus large.
Et nous voilà aujourd'hui, au pied du mur, mais personne ne semble vraiment réaliser la gravité de la situation.
— Tu ne crois pas que tu exagères. La lecture de tous ces journaux te chamboule les méninges, si tu veux m'en croire. Personne n'osera aller jusqu'à l'affrontement.
— Exagéré !
Que faites-vous de la mobilisation de la Russie d'une part, le lendemain de la déclaration de guerre, le 28 juillet dernier, et de celle de l'Autriche-Hongrie, d'autre part, malgré l'acceptation de l'ultimatum inadmissible par la Serbie ?
— De l'esbroufe. Le 30, l'Angleterre a proposé une paix de compromis dans les Balkans, me répartit mon père.
— Oui, bien sûr, mais il était déjà trop tard, Père, et n'oubliez pas, elle avait prévenu qu'elle ne pourrait rester neutre en cas de guerre franco-allemande.
— Pour toi, les dès sont donc jetés.
— J'en ai bien peur.

*

Le 31, Berlin adressait un ultimatum à la Russie.
Le même jour, l'assassinat de Jaurès mettait un terme aux efforts désespérés entrepris depuis l'attentat de Sarajevo pour empêcher la déflagration militaire en Europe.
Pour la France cela voulait dire mobilisation générale. Contrairement à ce qu'espérait mon père, tout espoir de paix était abandonné, il fallait maintenant s'armer, si je

puis dire, de courage et se préparer à quitter les siens. À présent, l'Allemagne ne tarderait pas à nous déclarer la guerre.

En ce samedi 1er août 1914, c'est pour échanger des points de vue entre inconnus, pour apaiser ses angoisses que la population s'était précipitée sur les dernières éditions, et non pour manifester. L'effet de l'annonce passé, c'est dans le plus grand calme et avec une exaltation patriotique sincère, que chaque homme mobilisé se prépare au départ, qui, pour quelques-uns aura lieu dès demain matin, dimanche.

Personne n'a alors une idée de la somme de souffrance et de disgrâce qui nous attend. En tant qu'agressés, l'idée de se défendre domine.

L'armée redoute que les nouveaux mouvements pacifistes perturbent la mobilisation, mais ses craintes ne semblent pas justifiées, tout se déroule sans troubles et il n'y a que très de peu réfractaires, contrairement à ce que prévoyait l'état-major. Il y a bien, çà et là, quelques réticences, mais dans l'ensemble, les Français sont résignés, voire décidés.

Personne n'est dupe de la gravité de la situation, mais, le moral est bon et à défaut de l'éviter, on croit à une guerre courte, suivie sans doute d'un retour glorieux, pour Noël, dans le pire des cas. Il ne peut en être autrement, car, une guerre de plusieurs années, cela n'a jamais existé en Europe.

En vérité, personne ne sait exactement ce qu'est la guerre. La dernière date de plus de quarante ans. Les nouvelles générations n'ont entendu parler que des guerres qui se déroulent loin de la France, comme celle

des Anglais et des Boers. Les guerres coloniales ne paraissent pas dangereuses, puisque le plus souvent limitées à quelques coups de feu tirés en l'air aux limites du désert. Quant aux guerres balkaniques, elles ne troublent pas la population.
Alors, pourquoi s'inquiéter, que risquait – on ?

De notre côté, nos forces, « l'Entente », comme on l'appelle, représente une supériorité numérique est écrasante. L'État-major russe peut mobiliser vingt-cinq millions d'hommes, soit autant que l'Allemagne, l'Autriche-Hongrie et la Turquie réunies.
D'où notre bel optimisme sur le « rouleau compresseur russe ».
Chiffre énorme. Mais, personne n'avait tenu compte de la lenteur avec laquelle ils seront transportés et équipés, de leur insuffisance en dotation de munitions de leur artillerie, de leur faiblesse de l'artillerie lourde…

L'effort français est considérable et rapide. 3 700 000 soldats et officiers seront mobilisés. Armée bien entraînée, dotée d'un bon fusil et d'un bon canon. Mais notre mobilité est freinée par la lourdeur du sac et celle de la cavalerie par un équipement « médiéval ». La situation de l'artillerie n'est guère brillante : l'armée française est démunie. Joffre, le général en chef, peut être préoccupé. Ses interrogations de 1911 n'ont pas toutes trouvé une solution.

L'artillerie légère oppose 4 780 canons de 75, mais seulement une centaine de canons de 155 « courts » et un peu moins de canons de 120.

L'artillerie lourde ne peut opposer que 200 pièces aux 3500 de sa rivale allemande, dont plus de 800 pièces de gros et très gros calibre.
La dotation en obus est insuffisante : 4000 par canon de 75…
Les « petits alliés », la Serbie et la Belgique, ajoutent respectivement 11 et 6 divisions aux forces de l'Entente.

Reste une inconnue.
Peut-on compter sur l'intervention des Anglais ?
La Grande-Bretagne, où le service militaire n'existe pas, les capacités initiales sont presque nulles. Le corps expéditionnaire envoyé sur le continent se limitera, à 60 000 hommes.

Dans l'autre camp contrairement à une idée répandue, l'armée allemande n'est pas numériquement très supérieure à la nôtre. La mobilisation terminée, elle comptera 121 divisions soit 4.9 millions d'hommes pour une population de 66 millions d'habitants, alors que les Français, au nombre de 39 millions, équiperont 94 divisions, soit 20 % de moins seulement. Mais l'armée allemande dispose d'une dotation en artillerie lourde et en mitrailleuses supérieures à celle des autres armées. D'autre part, elle est pourvue d'un nombre de canons de 77 inférieurs aux 75, mais suivis d'obusiers de 105 tirants un projectile de quinze kilos, plus des obusiers lourds de

150 qui en expédient de quarante-deux kilos. Sans parler des mitrailleuses.
Elle use couramment du téléphone de campagne et des fusées de signalisation. Ses soldats, sans être camouflés, sont vêtus d'uniformes gris, « le Feldgrau » peu visible. Le plan de mobilisation se déroule avec ordre et rapidité. Leurs plans de campagne sont prêts depuis longtemps, assimilés par les États-majors et d'une exécution diaboliquement efficace.
Moins nombreuse, moins bien rodée, moins bien équipée que l'allemande, l'armée austro-hongroise n'en demeure pas moins impressionnante. Mais les trois millions de soldats qui la composent manquent d'enthousiasme ; les Thèques, les Slovaques, les Croates rêvent de la défaite de l'empire qu'ils doivent servir et de la désertion qui leur permettrait de se retourner contre l'armée dont ils font partie. L'absence de cohésion morale est le germe d'une dangereuse dissolution à venir.

Très rapidement, les contemporains ont utilisé la formule « Grande Guerre » parce qu'ils ont eu conscience d'assister, de participer à une guerre hors normes. Personne n'aurait eu l'idée d'appeler ainsi la guerre de 1870, qui fut pourtant une terrible épreuve pour la France !

Alors pourquoi vous direz-vous, appeler ainsi celle-ci ?

Tout simplement, alors que le service militaire existait, 140 000 réservistes seulement furent appelés pour compléter une armée d'active française recensant théoriquement 600 000 hommes, mais qui, dans la pratique, n'en a rassemblé que 280 000 dans l'est au début des opérations militaires !

En 1914, l'armée d'active compte 880 000 hommes depuis que la loi de 1913 a porté le service militaire de deux à trois années, et la mobilisation « générale » concernera trois millions d'hommes supplémentaires. On n'était plus, très clairement, dans le même ordre de grandeur…

*

La pensée des adieux prochains fait régner une ambiance de tristesse et de larmes. Plusieurs hommes de cœur se font un devoir de remonter le moral des abattus. Depuis la première minute de l'annonce, notre bon curé s'y emploie de son mieux.

Les R.I.T., les réservistes territoriaux, les hommes nés entre 1867 et 1874, surnommés les « pépères », sortent déjà de la mairie où ils ont reçu leur uniforme afin de commencer, de suite, le service de gardes-voies et communications. Cette fin de journée est des plus émouvantes et au milieu du désarroi général, seuls les petits enfants sont joyeux.

Après le souper et quelques instants passés avec la famille, mes parents se retirent pour être seuls.

Le dimanche 2 août, la mobilisation devient officielle[1].

---

1 La mobilisation française s'est déroulée du 2 au 18 août 1914, temps nécessaire pour habiller, équiper et armer plus de trois millions d'hommes dans tous les territoires français, essentiellement en métropole mais aussi dans

À l'église, c'est une communion réconfortante. Notre curé lit une déclaration de Monseigneur Baudrillart, l'évêque de Paris :
— « Je pense que ces événements sont fort heureux. Il y a 40 ans que je les attends. La France se refait un nom et, selon moi, il n'y a pas d'autre façon de se refaire que par la guerre qui purifie tout. »
Quelle vision cette affluence vers la Sainte Table. Même les indifférents ont senti, en ce jour, le besoin de se tourner vers Dieu. En ce qui le concerne, mon père lui demande de lui donner du courage et de l'énergie pour supporter vaillamment ce contretemps de la vie, car il n'est plus tout jeune, il approche de ses trente et un ans. S'il ne doit plus revenir, il faut qu'à l'heure de la mort, il puisse penser que tout est en règle avec lui.
En sortant de l'église, de tous côtés, les mobilisés, qui convergent vers la gare, sous les acclamations de la foule, scandent :
— « À Berlin ! À Berlin ! »
Ils ont tous le sentiment qu'il ne s'agit là que d'une expédition, d'une simple procédure. Tous ceux, qui, comme lui, sont nés en 1883, donc de la classe de 1904, font partie des réservistes[1], doivent se rendre à la caserne

---

certaines colonies, puis les transporter par voie ferrée vers la frontière franco-allemande de l'époque.

1 Au 1er août 1914, il y a déjà 880 000 hommes sous les drapeaux : il s'agit des classes 1911 à 1913, qui forment l'armée d'active (nés entre 1891 et 1893 : 21 à 23 ans). La mobilisation appelle 2 200 000 hommes des classes 1900 à 1910 qui forment la réserve (nés entre 1880 et 1890 : 24 à 34 ans) et 700 000 des classes 1886 à 1899 qui forment la territoriale (nés entre 1866 et 1879 : 35 à 48

que le mardi 4 août. Le service des trains est garanti pendant cette journée de dimanche, mais, demain, les voies seront réservées aux troupes. Il est donc judicieux de ne pas rester plus longtemps à Wimereux.
Je n'insisterai pas sur les adieux qui furent navrants. Père a confiance et espoir de revenir, mais ses parents ne sont pas vaillants. Son père, quoique ne paraissant pas ses soixante-douze ans, souffre beaucoup.
Il ne les reverra peut-être pas...
Quel coup terrible, pour eux, de voir partir leurs neuf fils, et pour combien de temps ?
À 14 heures, un train l'emmène dans la direction de Roubaix.

Le 3 août, Pierre est à notre domicile, rue Dammartin, à Roubaix. Des drapeaux ornent les fenêtres des maisons et des immeubles. Quelques boutiques portent un écriteau sur leur porte :
Fermé pour cause de mobilisation.
Le propriétaire est aux armées.
Les épiciers enlèvent de leur devanture ce qui peut rappeler l'Allemagne et l'Autriche : pain viennois, bière de Munich, etc.

En fin de matinée, mon père se rend à son bureau mettre

---

ans). À ces hommes contraints, se rajoutent les 71 000 engagés volontaires, qui soit devancent l'appel (le record est à 15 ans) soit sont étrangers (ces derniers sont 26 000 en 1914).

Total : 3 877 000 hommes mobilisés en août 1914, sur une population de 38 millions d'habitants, formant 94 divisions : 47 d'active (chacune de 17 286 hommes), 25 de réserve, douze de la territoriale et dix de cavalerie.

de l'ordre dans ses affaires. De retour rue Dammartin, il prépare son baluchon. Il emporte environ 300 franc-or[1], un étui contenant mon chapelet, ma médaille du Sacré-Cœur, un carnet pour prendre des notes, la photographie d'Adèle, Bernard et moi, une pipe, une blague à tabac, un canif, mes lorgnons, des lunettes, un crayon, mon livre. Il fait ses dernières recommandations à ma mère et lui remet l'argent nécessaire à nos besoins pendant son absence qui ne devrait pas durer plus de cinq mois, selon lui. Après avoir donné quelques consignes à notre cuisinière, Il dit adieu à cette maison qui a vu tant de jours heureux.
La reverrait-il ?

Le 4 août, ses frères, Léon, Henry, Maurice, Raymond, André et lui attendent Paul qui vient du Havre et Jean de Paris. Ils ont voyagé dans des fourgons à bestiaux. Vers 8 heures, une automobile les emmène à Lille pour aller faire leur devoir. Albert, lui, est déjà à Lille, où il effectue une période comme médecin-major de 2e classe.
Arrivés à Lille, ils sont dirigés vers la caserne. Du haut des balcons, les gens échangent avec eux des signes d'adieux, jusqu'à perte de vue. Indescriptible est l'enthousiasme qui marque ces premières journées de la mobilisation. Les cafés regorgent de monde, les clients crient :

---

1   Franc-or : sa valeur aujourd'hui est difficile à évaluer, car d'une part, il faut tenir compte des inflations, du coût de la vie, du coût de l'or. On peut estimer à environ quinze euros la valeur d'un franc-or, soit une somme de 4500 euros environ emportée par Pierre.

— « *Vive l'armée* », « *Vive la France* »,
— « *Vive la République* »,
— « *À bas Guillaume* » à n'en plus finir.
Les rivalités n'existent plus. Ceux qui partent sont animés d'un ardent désir de se battre fougueusement pour défendre le sol natal. Ceux qui restent, surtout des « vieux » ont des larmes dans les yeux, de voir partir leurs enfants, mais ne sont pas les derniers à les encourager et à crier des *« hourras »* pour le succès de nos armées.

L'entrée à la caserne se passe bien. Une fois les portes franchies, ils ne sont plus les mêmes hommes. Les allées et venues leur font tout oublier. Ils rencontrent des amis, d'anciens camarades de régiment et deviennent gais malgré eux. Tout prête à rire et il avoue que les quelques jours avant le départ, sont très joviaux. Ils redeviennent jeunes, et aussi « gosses », qu'à vingt ans. À part Albert, qui appartient au service de Santé des armées, ses frères et lui, en tant que réservistes d'active, sont affectés dans le même régiment, le 243e d'infanterie, mais dans des bataillons différents. Ils sont maintenant des biffins, ce mot, détourné de son sens original de chiffonnier, est adopté par dérision dans l'argot militaire par les fantassins pour se définir. Le biffin est celui, miséreux, qui gagne sa vie en récupérant et revendant les objets usagés dont les autres ne veulent plus. Le fantassin est assimilé à cet être errant, sans ressource, sale, mal habillé, rejeté par la société bien-pensante.

Son régiment, le 243e, de même que le 233e et le 327e R.I., appartient à la 101e Brigade, sous les ordres du

Général Petit. Il fait partie de la 51e division, 1re région, 4e groupe de réserve d'infanterie commandée par le général Boudegourd. Le Commandant du régiment est le Lieutenant-colonel Quiquandon. Il appartient au 6e Bataillon dont le chef est Tupinier, et le Médecin-major : Courouble.

Les deux cent dix hommes de sa compagnie, la 21e Compagnie, sont sous les ordres du Capitaine commandant la Compagnie : Rodier, du Capitaine : Jannot, des Sous-lieutenants : Parent, Hacquet, Loyen, Langlois, Hallet, de l'Adjudant : Goosen, du sergent-chef Mass, des Sergents : Desprez, Dupureur, et des Caporaux : Roussel et lui.

Tous les officiers sont brevetés, c'est-à-dire passés par l'école de guerre.

Ils vont vivre des heures sombres et dures ; la Belgique, la Champagne, Hébuterne, Verdun.

Mais ça, ils ne le savent pas encore.

Il faut le reconnaître, cette mobilisation a été bien organisée et dans l'ordre. Tout ce qu'ils touchent est neuf. L'État les équipe largement de tout ce qu'il faut. En quelques heures, ils sont vêtus, dotés et armés. En cas de nécessité, ils pourraient partir le jour même car leur paquetage contient tout ce qu'il faut, on y trouve en particulier :

• Une plaque d'identité avec son cordon, sur laquelle figurent nom, prénom, classe de recrutement, leur bureau de recrutement et leur numéro matricule. Ces informations sont destinées à permettre leur identification en cas de blessure ou décès.

• Une capote croisée modèle 1877 en drap gris de fer

bleuté, un peu plus tard, ils recevront la capote Poiret, un modèle simplifié à boutonnage droit. Sa caractéristique est d'être taillée en une seule pièce de drap. Elle est plus pratique et plus confortable que celle de 1877.
• Un pantalon, modèle 1867 en drap rouge garance, apparu en 1829 sous le règne de Charles X.
• Comme couvre-chef, ils disposent d'un béret et d'un képi modèle 1884 de forme cylindrique d'une hauteur totale de 90 mm devant et 150 mm derrière, turban et calot en drap garance. Il sera simplifié en décembre 1914 et rehaussé au niveau du turban pour éviter que la pluie s'accumule sur le haut du képi. Début 1915, il sera encore modifié pour le rendre moins visible.
Pour les combats au front, une protection de tête, l'étrange « cervelière » en tôle d'acier, qui semble tout droit sortie du Moyen Âge. Nombreux seront les fantassins qui placeront la cervelière inclinée vers l'avant, sous le képi. Elle n'a alors plus qu'un seul défaut, celui d'être inutile, n'offrant pas plus de protection que le képi.
• Une paire de brodequins modèle 1912 comportant une tige de 135 à 150 mm, entre 57 à 98 clous sur la semelle et 39 à 50 chevilles sur le talon cuir noirci sur chair, le lacet est en textile. Ces brodequins, pas assez étanches, seront modifiés en 1915 par ajout de deux soufflets de cuir entre la languette et les deux parties au niveau de la cheville.
• Un ceinturon à plaque, modèle 1873 ou à ardillon, avec porte-épée baïonnette modèle 1888.
• Un fusil, Lebel modèle 1886 d'un poids de quatre kilos, ayant une cadence de tir de vingt et un coups par minute

et une portée de 1200 mètres avec une bretelle de suspension modèle 1892 et trois cartouchières modèles 1888 ou 1905.
• Des vêtements de dessous : chemises, caleçons, etc.
• Un nécessaire de cuisine réglementaire qui comprend un quart, une gamelle individuelle modèle 1852, des couverts, un bidon de deux litres modèle 1877 en fer étamé, avec sa house en drap, un ouvre-boîte et un canif.
• Un nécessaire d'entretien et de nettoyage des effets, de l'équipement et de l'armement : une brosse à habits et trois brosses à cirage ; une pour l'entretien des cuirs, une pour l'entretien des chaussures et une pour l'entretien de l'arme, une trousse à couture, des bobines en buis contenant des aiguilles, un dé à coudre et des écheveaux de fil de différentes couleurs, une boîte de boutons et une paire de ciseaux à bouts ronds. Une ficelle de nettoyage du canon de l'arme. Une paire de lacets supplémentaire.
Pour ranger leurs effets, ils reçoivent un havresac, modèle 1893, surnommé l'« as de carreau ». En 1915, lors des grandes offensives, le commandement au niveau des corps de troupe, s'avisera de la gêne provoquée par l'as de carreau lors des progressions en terrain difficile et le remplacera par un paquetage d'assaut qui se présentera sous la forme d'un boudin porté en sautoir et formé de la toile de tente dans laquelle on roulera la demi-couverture, les vivres de réserve pour deux jours comprenant du pain de guerre, deux boîtes individuelles de viande de conserve assaisonnée, deux boîtes de potage salé, deux rations de sucre, du café en un sachet et la gamelle individuelle.
Pour parfaire leur équipement, s'ajoutent, les nécessaires

de campement : la toile de tente en toile cachou modèle 1897 et ses accessoires, deux mâts de tente, deux piquets en bois avec leurs cordeaux respectifs de quarante centimètres, rajoutés par décision du 12 août 1914, la demi-couverture de campement distribuée à partir du début octobre 1914 et le bidon d'un litre modèle 1877 avec enveloppe de drap gris de fer bleuté porté du côté droit et une lanterne Monjardet modèle 1910 avec son étui de transport. Les ustensiles collectifs, soit deux gamelles de campement ou « plats à quatre », quatre bouthéons, deux sceaux de toile, cinq ouvre-conserve, sont répartis entre les hommes de chaque escouade, une escouade est formée d'une quinzaine de soldats sous les ordres d'un caporal.

En dernier lieu, ils doivent également porter les 185 outils nécessaires à la compagnie, soit quatre-vingts pelles-bêches, quatre-vingts pelles-pioches, huit haches, douze serpes, quatre cisailles et une scie articulée modèle 1879.

Tout cet équipement qu'ils appellent, dans leur argot de soldat « *le barda* » ou encore « *azor* », dépasse les trente-cinq kilogrammes, pour cinquante-neuf pièces différentes, sans oublier les vivres du jour portés dans la musette, plus deux jours de ration de réserve et l'armement, plus 120 cartouches par hommes (3 660 kg), qu'ils devront porter en campagne sur nous.

Comment peut-on transporter tout ce paquetage, me direz-vous ?

Tout d'abord, ils enroulent sur le pantalon les bandes molletières de 2,20 m. Sur la capote, ils portent les bretelles de suspension et le ceinturon porte-baïonnette de cuir noir en 1914 et de cuir fauve en 1915. À gauche, ils accrochent au ceinturon, la baïonnette, l'outil individuel, une cartouchière ventrale, le poignard de tranchée réglementaire ou de fabrication artisanale. La musette personnelle, où sont rangés les vivres et leurs effets personnels, est portée en bandoulière du côté gauche. Du côté droit se trouve une autre cartouchière ventrale. Le bidon de deux litres avec le quart est porté en bandoulière du côté droit pour éviter qu'il ne s'entre choque avec la baïonnette. Dans le dos, ils ont une cartouchière dorsale et le havresac.

Leur insigne est une grenade enflammée, à l'instar de celle qui ornait le képi d'avant-guerre. On y ajoutera par la suite une brisque, élément décoratif de l'uniforme en forme de chevron qui signale la durée de la présence au front et les blessures subies.

C'est donc une armée française équipée de neuf qui part au front. Il est vrai qu'ils ont fière allure. Mais très rapidement, ils vont déchanter : il leur faudra camoufler cette couleur garance qui fait d'eux des cibles idéales pour les mitrailleuses allemandes. Ils vont payer sévèrement ce bel uniforme, trop voyant et incommode. Ils vont aussi souffrir sous le poids d'un équipement mal adapté, lourd, brillant et sonore.

À l'automne 1914, l'armée adoptera le bleu horizon. L'histoire de ce bleu commence peu avant le déclenchement du conflit. Au cours de la séance du 9 juillet 1914, les députés avaient finalement voté le principe de la substitution au drap garance d'un drap de couleur neutre... Mais il resta dans les cartons. Le 12 octobre 1914, le ministre de la Guerre avisera le général en chef de l'envoi immédiat de 10 000 pantalons de toile bleue destinés à diminuer notre trop grande visibilité. Cependant, une grande latitude étant laissée aux intendants, beaucoup de soldats recevront à la place du pantalon de toile bleue, un pantalon de coton bleu genre ouvrier mécanicien ou sapeur-pompier, de nuance dite gris de fer foncé.

En décembre 1914, la fabrication du pantalon culotte bleu horizon, plus résistant et protégeant mieux du froid, est décidée. Toutefois, jusqu'au printemps 1915, l'emploi du nouveau drap bleu clair est strictement réservé à la confection des képis. Cette nouvelle réforme de tous les uniformes de l'armée française, très longue à mettre en place, passera par de nombreuses modifications. C'est pour cette raison que nombre d'entre nous, dans un premier temps, apparaîtront dépareillés, car il y a lieu de distinguer trois catégories différentes des effets d'habillement : les confections simplifiées qui donnent naissance dans la plupart des cas à des effets réglementaires nouveaux modèles, les confections de fortune se traduisant par des effets de forme et de coupe réglementaires, simplifiées ou non, mais réalisés dans des tissus de toutes provenances et les achats ou réquisitions de circonstance, c'est-à-dire l'emploi par l'armée d'effets disponibles dans le commerce. Ce n'est qu'à la fin de l'année 1915 que correctement nantis, nous aurons une apparence commune.

Mais nous n'en sommes pas là, revenons à ce mardi 4 août à Lille.

Les voitures régimentaires sont alignées dans la cour de la caserne. Les chevaux arrivent pour être, eux aussi, harnachés de neuf et essayés aux brancards. À 17 heures, droit de sortie en ville jusqu'à 21 heures. L'activité dans la ville est indescriptible, l'élément militaire domine, on les acclame. Sur une place, une foule haineuse est attroupée pour assister à l'exécution d'un homme accusé d'espionnage. Une matrone les informe qu'il s'agit d'un bijoutier arrêté au moment où il voulait faire sauter le pont de la ville. Une perquisition à son domicile a permis de découvrir dans un coffre-fort, des plans et tous les renseignements concernant la garnison. On a trouvé aussi des pigeons voyageurs prêts à partir. Ces pigeons étaient munis d'un tube en aluminium « porte-dépêche » fixé à une patte. Ce bijoutier est, paraît-il, officier de réserve dans l'armée française et dans l'armée allemande.

Sa première nuit à la caserne est acceptable, même s'il couche sur une paillasse.

La journée du 5 août est une journée de préparatifs. Ils ajustent les vêtements, on complète les distributions en donnant à chacun ce qui lui est nécessaire. Les boutons sont noircis, les brodequins graissés et remboursés, 11,50 francs, à ceux qui les ont apportés de chez eux. Il ne manque rien.

Les capitaines forment leur compagnie. Les hommes qui forment la 21e compagnie sont présents. Rodier, leur capitaine commandant, est satisfait, aucun homme ne manque à l'appel de sa compagnie. Les sections sont

ensuite formées sous le commandement d'un sous-lieutenant. Il est affecté dans celle du sous-lieutenant Langlois. Enfin, c'est la formation des escouades. Ils ont toute latitude pour se grouper. Léon Depres, lui aussi de Roubaix et Édouard Dupureur sont ses sergents, François Roussel et lui, sont caporaux dans la même escouade.
Les distractions ne manquent pas dans la vaste cour de la citadelle. Ce sont des allées et venues continuelles de troupes venant chercher des fusils à l'armurerie, de camions sortant de la manutention, chargés de vivres, d'automobiles de service et d'officiers donnant des ordres. De temps en temps, il voit arriver une automobile de la gendarmerie qui se dirige avec prestesse vers la prison militaire. Il doit s'agir d'un insoumis, un anarchiste ou un espion que les gendarmes ont arrêté. Le soir, vers 5 heures, nous assistons au défilé du 43e qui est sur le départ. Musique en tête, nos bleuets défilent dans les rues de Lille au milieu des acclamations frénétiques de la foule. Ils portent des fleurs ou des petits drapeaux, la plupart hurlent : *« A Berlin ! À Berlin ! »*
Les mitrailleuses et le train régimentaire qui suivent, attirent la curiosité de la population.

Les journées des 6 et 7 août se passent, à leur rappeler leurs devoirs et à compléter l'instruction des armées en campagne.
Quelques séances d'exercice sur l'Esplanade suffisent pour leur montrer les formations nouvelles et la bonne volonté de chacun aide grandement la tâche des instructeurs.

Des fenêtres des chambrées, à l'ombre des grands arbres, des heures se passent, à jouir du spectacle de la grande cour : ce sont des chevaux qui se cabrent et refusent harnais et brancards ; des conducteurs à peine faits à ces genres d'attelage, impuissants à retenir leurs bêtes qui s'emballent.

Quel changement aussi pour ces pauvres animaux qu'on a retirés de leurs écuries confortables et qui déjà passent les nuits en plein air, privés de paille et attachés aux arbres. Leur nourriture aussi est rationnée et leur regard semble nous témoigner de la reconnaissance quand nous leur distribuons notre boule de soldat qui ne nous plaît guère.

Ah ! Ce pain !

Ils ne savent pas encore qu'ils l'apprécieront tant par la suite et le trouveront bon… Bien pénibles seront les jours pendant lesquels il leur manquera.

Pendant cette semaine passée à la caserne, il y a un brave garçon qui chaque jour va à Roubaix. Il le voit revenir, chargé comme un âne de bouteilles de vin, de casse-croûte, œufs, poulets, etc.

Il se souviendra toujours de ces heures passées dans la chambre des sergents et des crises de rire.

Ils apprennent que les Allemands font le siège de Liège et ont fort à faire avec les Belges qui se défendent comme des lions. Les combats à Liège et aux environs arrêteront pendant près de trois semaines la poussée formidable des envahisseurs. Grande, doit être notre reconnaissance envers le général Lemon et ses braves défenseurs. Sans eux, l'ennemi était aux portes de Paris avant que nous ayons eu le temps de former nos armées, car ce n'est un secret pour personne que toutes nos forces sont massées à la frontière de l'Est et que le Nord n'est pas gardé.

Fin août à l'approche des Allemands, notre dépôt est transféré à Limoges.

La Belgique est un pays neutre, c'est vrai, mais l'Allemagne n'a jamais reculé devant rien pour accomplir ses sinistres projets. La France devrait le savoir.

Une contrariété a marqué cette journée du 8 août. Son frère Jean qui était dans Son escouade a été versé au dépôt. Ce fut une grosse déception pour lui.

Le soir du 8, il se rend avec ses frères, au café « Bellevue » pour une dernière soirée ensemble. Il est surpris d'y rencontrer son ami Michel et sa femme. Il fait partie de l'armée « auxiliaire ».

— Que fais-tu là Michel ?

— Je suis venu pour m'engager, mais, à cette heure, ce n'est pas possible. Ils ne veulent pas de moi.

— Pourquoi donc ?

— Ah ! Tu n'es pas au courant ? Devant le conseil de révision, j'ai été déclaré « maintenu service auxiliaire », pour mon exostose[1] au pied droit. Ce conseil de révision a statué sur mon sort, et je n'ai pas été affecté dans le service armé actif, mais dans le service auxiliaire dans un régiment d'infanterie.

— Ce n'est pas grave, Michel. Dans deux ou trois mois,

---

1 Maladie constitutionnelle de l'os s'accompagnant parfois d'une croissance osseuse insuffisante, ou d'une déformation osseuse. Les excroissances osseuses qui ressemblent à des bosses fermes se forment sous la peau. La plupart du temps, on peut vivre normalement avec cette maladie.

tout sera terminé. On est assez nombreux, on pourra les étriller sans toi.

— Justement non, il n'y a pas de raison que je n'y participe pas. Et puis cela me sortirait un peu et me changerait les idées. Et puis ce truc, me dit-il en désignant son pied, je l'ai depuis toujours, cela ne m'a pas empêché de vivre normalement.

— Je suis d'accord Michel, mais là c'est différent. Il va falloir marcher pendant des kilomètres. Tu crois que ton pied pourra le supporter, surtout dans les godillots qu'ils nous ont donnés, regarde par toi-même. Tu te vois là-dedans toute une journée ? Et puis, tu n'es pas complètement écarté, crois-moi s'ils ont besoin de toi ils t'appelleront le moment venu.

— Oui, tu as peut-être raison.

— Dis-moi, Michel tu peux me rendre un service ?

— Bien sûr, tout ce que tu veux.

— Voilà, on ne sait jamais ce qui peut arriver, je pourrais tomber aux mains de l'ennemi ou mourir et être enterré « en tas ».

— Oh ! Là, l'ami, il ne faut pas penser à ça.

— Non, bien sûr, mais je préfère la prudence. Voudrais-tu bien remettre mon alliance à ma femme ? Elle pourra la garder en cas de malheur. C'est un précieux souvenir que je préfère savoir entre ses mains que dans celles de l'ennemi.

— C'est entendu, Pierre. J'irai la voir. Je lui donnerai de tes nouvelles.

— Merci à toi, Michel.

Déçu, il est retourné à Roubaix, dès le lendemain.

Il voit arriver à la caserne, bien des prêtres en soutane, ils sont entourés par des officiers et des soldats et pas une voix ne s'élève pour prononcer la moindre parole déplacée.
C'est en passant le pont de la citadelle qu'il apprend une bonne nouvelle, l'entrée de nos troupes à Mulhouse. L'enthousiasme est à son comble. Les journaux du soir la confirment. Malheureusement cette occupation est éphémère et l'histoire dira pourquoi nous avons dû nous replier.

Dimanche 9 août : revue de départ, présentation et salut du drapeau. Tambours et clairons en tête, le 243e se rend au terrain de manœuvres de Ranechin. Le colon harangue ses hommes et leur présente l'emblème de la patrie. Puis, il passe la revue de son régiment au galop de son cheval. À leur tour, ils défilent devant lui, baïonnette au canon. Le général arrive, ils défilent à nouveau, puis on leur fait former le carré autour de lui. Sa courte allocution fait battre les cœurs et en ce moment solennel, verser son sang pour la patrie est le désir de tous. Le général est acclamé.
On leur apprend les sonneries allemandes, ils font quelques exercices puis retour au quartier pour les corvées. Cette première sortie est dure, il fait très chaud et le pas cadencé dans les rues de Lille ou ailleurs n'a jamais été aimé des militaires. Les pieds de certains saignent déjà, ce n'est qu'un début, il est vrai que les chaussures neuves doivent prendre le pli…
Tout indique que leur départ est proche, aussi l'après-

midi, les abords de la citadelle sont noirs de monde.
Le quartier est consigné, mais l'affluence est si grande qu'il l'accès aux remparts et à l'esplanade est autorisé.
Dans son régiment, tous les galonnards, sauf les sergents, font partie de l'active, donc ils sont bien encadrés.
Il est difficile pour un soldat de juger ses chefs, aussi il se garde bien de donner une appréciation. Pourtant, il ne peut passer sous silence les qualités de son capitaine et de son commandant dont il lui a été donné plusieurs fois d'apprécier la grande valeur.

Garde au drapeau du 243ᵉ Régiment d'infanterie.
Moi et mon régiment la veille du départ de Lille pour le front.
(Photo prise le 9 août 1914)

En ce lundi 10 août, la sonnerie du réveil n'a pas eu besoin de se faire entendre. Bien des hommes se lèvent avec le jour et vers 5 heures tout le régiment de ligne[1] est en bas prêt à partir. Les officiers s'assurent que rien ne manque. Ils font vérifier que chacun a bien ses vivres de réserve, du pain et le bidon bien rempli, sans oublier le principal : les cartouches. Chaque homme en a environ une centaine sur lui et les voitures en sont remplies. Leur capitaine a voulu alléger un peu ses hommes en faisant mettre toutes les vestes dans la voiture de compagnie. Les faisceaux[2] sont formés dans la cour en attendant l'heure du départ.

Il est temps de vérifier et de compléter le contenu d'azor. En plus des vêtements de rechange, ils ont un nécessaire de toilette : un torchon-serviette en coton, un miroir de poche avec couvercle pivotant, un savon, une brosse à dents en os et poils de porc, un rasoir type « coupe-choux », un ruban à aiguiser le rasoir, un blaireau, un peigne en corne ; de pharmacie : un paquet de gaze, une petite boîte d'antipyrine[3], des pilules d'opium[1] et des

---

[1] Régiment de ligne : terme employé en 1914, mais devenu obsolète. Sous Napoléon III, il désignait l'ensemble des gros régiments d'infanterie pour les différencier des bataillons de Chasseurs à pied et des unités légères formées en Algérie comme les Turcos, les tirailleurs, les Zouaves, etc...

[2] Faisceaux : lors des bivouacs et des haltes suffisamment longues, l'ordre est donné de mettre les fusils en faisceaux, c'est-à-dire de les poser verticalement par groupes de trois, en triangle, adossés ensemble par leurs canons. Les hommes alignent sur le sol leur barda et leurs armes, de manière uniforme. Ils peuvent alors quitter ces « faisceaux » d'armes qui restent seulement sous la garde et surveillance d'une sentinelle.

[3] Antipyrine : médicament à noyau benzénique, antipyrétique et analgésique destiné à combattre la fièvre et la douleur.

capsules de sublimé² ; quelques effets personnels : du papier à lettres, une pipe et du tabac. Enfin une boîte de survie : une boîte de singe³, des haricots, deux tablettes de potage condensé, un sachet de sucre, du chocolat, du café et deux boîtes de coco⁴.
Vers 9 heures, le régiment quitte la citadelle par une grande chaleur. Sur tout le parcours jusqu'à la gare de Fives, ce ne sont qu'acclamations. Chaque homme porte un drapeau et le canon des fusils est orné de fleurs. Les chants patriotiques se font entendre, mais celui qui a le plus de succès est celui rendu célèbre par Paul Déroulède : « Flotte petit drapeau » dont les paroles sont de Edgard Favart et la musique de Xavier Diodet-Lameirelle :

---

1 Opium : c'est au cours des premières années du XIXe siècle que les principes actifs de l'opium sont isolés par les scientifiques français Derosne et Seguin (1803-1804) puis par l'allemand Sertürner en 1805. Mais c'est Sertürner qui découvrira, en 1806, l'alcaloïde le plus puissant de l'opium: la morphine. Celle-ci doit son nom à Morphée, déesse du sommeil, car elle possède de puissantes propriétés analgésiques et calmantes. La morphine est un analgésique central mais aussi une drogue dure. On l'utilise contre la douleur et sa durée d'action est très variable, de 2-3 heures à 12 heures. Sa diffusion et son utilisation sont massives en 1914. Aujourd'hui, la morphine reste l'opiacé de référence et le plus souvent prescrit. Le mot morphine est souvent assimilé à « mort fine », donc à une mort lente. La connotation est aisée et bien souvent évoquée. Même si n'est pas forcément le cas, le mot fait peur.
2 Sublimé : antiseptique
3 Singe : dans l'argot des soldats désignation du bœuf et plus généralement de toute viande en boîte de conserve. Le singe est fréquemment critiqué pour sa mauvaise qualité.
4 Coco : poudre de réglisse qui additionnée d'eau donne une boisson rafraîchissante.

« Loque, chiffon tricolore ou guenille,
Symbole, image ardente du pays
Pour te chanter, tout mon être pétille
D'émotion, d'avance je pâlis
Toi, dont l'effet produit tant de merveilles
Tu n'es pourtant parfois qu'un oripeau
Mais ton nom seul suffit à nos oreilles
Car en français, on t'appelle Drapeau
(Refrain)
Flotte, petit drapeau
Flotte, flotte, bien haut
Image de la France
Symbole d'espérance
Tu réunis dans ta simplicité
La famille et le sol
La liberté.
Tout jeune enfant, tu n'es qu'un jeu facile
Qui nous distrait ainsi qu'un bibelot
Et d'une main souvent bien inhabile
On te construit de bouts de calicot
Enfin conscrit, te voici de la classe
Promène-le au travers du hameau
Chante gaiement, montre-le dans l'espace
Tu ne sais pas ce que c'est qu'un drapeau.
(Refrain)
Mais si parfois, la destinée amère
Vous appeliez un jour pour guerroyer
Loin du pays, sur la terre étrangère
C'est dans ses plis qu'on revoit le foyer
Bien qu'attristé, on se sent plus à l'aise

On n'est pas seul en voyant ce lambeau
Et si, dans l'air, passe la Marseillaise
Alors, on sent ce que c'est qu'un drapeau.
(Refrain)
Allons, debout, car le clairon résonne
L'acier reluit là-bas dans le vallon
Et le canon, écoutez, vous entonne
À gueule ouverte un air de sa chanson
Une âcre odeur vous saisit à la gorge
Vous saoule, enfin vous passe dans la peau
On marche, on court, on écume, on égorge
On fait des morts... Tout ça pour le drapeau.
Le chant « Flotte, petit drapeau ».

Ils sont vite embarqués ainsi que chevaux et matériel et c'est vers 10 heures 15 que le train s'ébranle au milieu des acclamations de la foule qui se presse le long des voies. Ils sont quarante dans chaque wagon, wagons de marchandises aménagés avec des bancs. Il fait si chaud qu'à quelques kilomètres de Lille, les chants cessent, les bouteilles de vin et de bière sont bientôt vidées et bien des hommes s'endorment.

Leur destination est inconnue et ils ne font aucun effort pour savoir par où le train passe. Peu importe, ils ont tout quitté et l'essentiel maintenant est d'obéir et de marcher avec ardeur pour la gloire de la France.

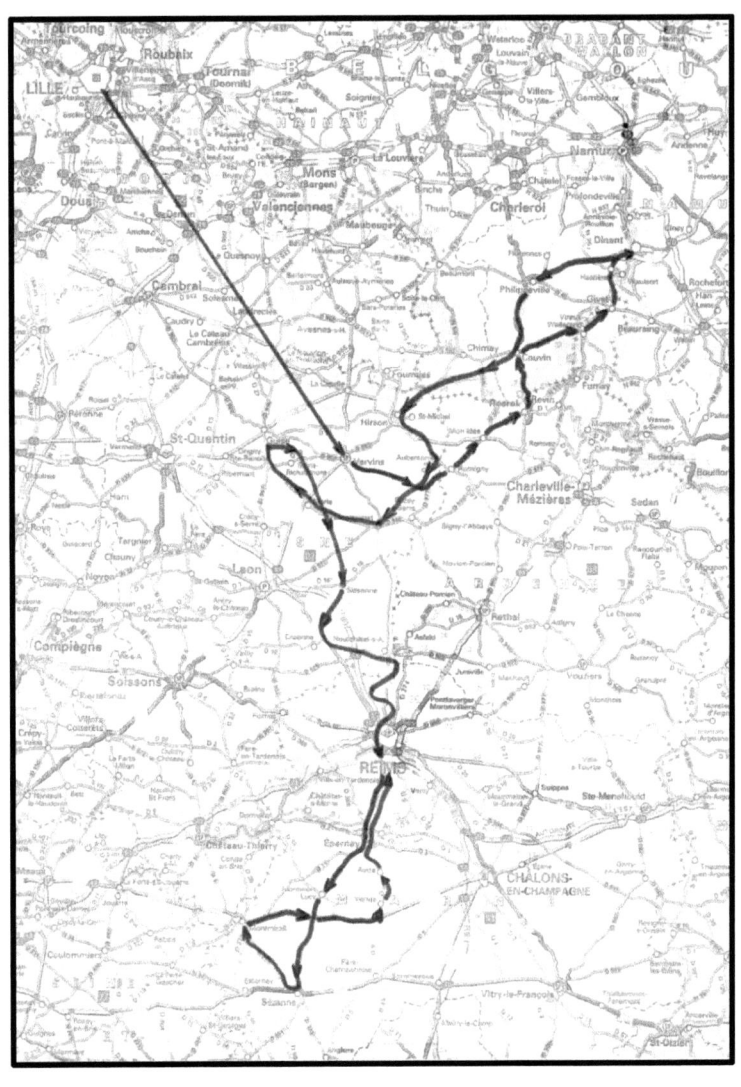

La totalité du trajet parcouru par le 243e R.I. pendant la période
1914-début 1915
(Environ 750 kilomètres).

II

AU FRONT.
(1914)

1

NAMPCELLES ET LA MARCHE SUR DINANT.

C'est à Vervins dans l'Aisne qu'a lieu le débarquement. Le temps de descendre les voitures et d'atteler les chevaux et ils se mettent en route. Après douze à treize kilomètres et leur bataillon arrive à Thenailles. C'est dans ce petit village qu'ils cantonnent ; il est 9 heures du soir. Les hommes sont très fatigués aussi beaucoup n'attendent pas que la soupe soit au feu. Une tasse, que dis-je « un quart de jus » et chacun s'allonge dans la grange. Mon père n'est pas le dernier à se coucher et il dort bien. La nuit est très bonne et ce n'est qu'à 5 heures que le réveil est sonné. On se débarbouille dans un petit ruisseau qui longe la ferme et après avoir cassé une croûte, le régiment se met en marche en ce 11 août 1914.

Au bout de douze à quatorze kilomètres, ils sont heureux d'arriver au cantonnement. Ces premières marches sont dures, mais c'est le manque d'entraînement, nous ne sommes pas encore faits et de plus ce soleil brûlant d'août nous épuise plus que les pas que nous faisons. Vers 10 heures, nous sommes installés à 60 hommes dans une grande ferme à Nampcelles.

Je vais à présent me mettre en retrait et lui laisser la parole.

*

« — Dans l'après-midi, j'entends pour la première fois le son du canon, mais très peu distinct. Certains disent que ce sont des exercices de tir au camp de Sissone, car nous ne voulons pas supposer que, comme régiment de réserve, nous pouvons être si près du feu. Cependant ce devait bien être le canon de Namur ou de Dinant, car c'est à cette époque que la bataille battait son plein dans cette région.

Dans la soirée, Goosen, Roussel, Dupureur, Deprez et moi, nous nous réunissons avec le sous-lieutenant Langlois, pour nous entretenir de la situation. C'est une habitude que nous prenons et qui se renouvellera souvent. Le lieutenant prend la parole :

— La guerre s'engage mal pour nous. Les Allemands ont imaginé une concentration de manœuvres autour d'un axe Thionville-Metz-Verdun. Ils nous déborderaient ainsi constamment sur notre gauche, pour finalement, nous enrouler et nous obliger à nous rabattre, en un front renversé, face à l'ouest.

— Mais une telle opération exige une supériorité numérique ? Objecte Goosen.

— C'est exact ! Adjudant Goosen. Mais, ils la possèdent incontestablement.

— Effectivement, cela se présente mal pour nous, constate Dupureur.

— Pas forcément, car si du point de vue tactique ce plan est remarquable, il est une profonde erreur des points de vue politique et diplomatique.

— Ah ! Oui et laquelle ?, s'interroge Dupureur.

— La violation de la neutralité belge, sergent.

— Mais les boches [1] n'ont que faire de ces considérations, mon lieutenant.
— C'est à voir, car cela entraînerait, ipso facto, l'Angleterre dans la guerre.
Mais les choses sérieuses se passent ailleurs. Conformément au plan Schlieffen, l'ennemi envahit la Belgique et entame une manœuvre enveloppante destinée à nous faire tomber dans la nasse. Le plan français : le plan XVIII est à refaire.

Le 12 août, on organise la garde du village et cette journée se passe, à faire l'exercice.
Dagny est un petit village situé à environ 4 kilomètres de Nampcelles. Il est occupé par le 6e bataillon et l'état-major du régiment. Nous recevons l'ordre d'organiser autour de Vervins une position fortifiée permettant un débouché offensif, soit vers le nord, soit vers l'est. Un bataillon du 243e organise et tient le plateau au nord et au

---

[1] Boche ou Alboche : en 1914, terme infamant. La plus haineuse insulte que l'on puisse proférer. L'apparition de ce mot remonte à la seconde moitié du XIXe siècle (1860). Le terme boche désignant l'ennemi allemand, était utilisé dans l'argot du XIXe dans l'expression « tête de boche » pour désigner une personne à la tête dure, une tête de bois, puisque boche, à l'origine, c'est une boule, une boule de bois comme celle qu'on lance dans un jeu de quilles. L'entreprise allemande Bosch, a judicieusement joué de cette homonymie dans son slogan : « C'est bien, c'est Bosch. », pour signifier la solidité de ses produits. Toutefois, l'étymologie et l'origine du mot suscitent encore un débat à l'Académie française. Il s'agirait d'une forme péjorative semblable à celle qui a façonné les mots « moches », « bidoche » ou encore « bamboche ». D'autres supposent qu'il viendrait plus simplement de « caboche » « tête de clou pour fer à cheval ». Boche résume l'infamie absolue.

nord-ouest de Lambercy et Lambercy comme centre de résistance, face au débouché des vallées de Coingt, Saint-Clément et Morgny. L'autre bataillon constitue la réserve de la brigade au sud de Brancigny. Nous, c'est sur une hauteur dominant Dagny que nous creusons, les 13 et 14 août, des tranchées. Les travaux sont poussés activement. Deux fois par jour, notre bataillon s'affaire aussi sur cette route pour effectuer les travaux de terrassement, soit seize kilomètres par jour, travail à ajouter à celui des tranchées qui s'effectue sous une forte chaleur…

On nous signale le passage en gare de Vervins de trains transportant des Uhlans[1] prisonniers et dans le sens inverse des Turcos[2] et des tirailleurs algériens partant pour le « bled ». Ceci nous donne du courage.

Le 15 août, très tôt le matin, travaux dans les tranchées, puis à 10 heures 30, messe à l'église de Nampcelles. La plupart des soldats y assistent, ainsi que les officiers. Beaucoup doivent se contenter d'entendre la messe de l'extérieur. L'abbé Lestienne de Roubaix est aumônier de la division et a le grade de capitaine. Comme insigne, il ne porte que le brassard de la croix rouge et un galon d'or

---

1 Uhlans : principale composante de la cavalerie légère allemande. Les Uhlans sont généralement employés en tant qu'éclaireurs. Associés, pour des raisons surtout subjectives, aux massacres et aux pillages, l'apparition des Uhlans, annonce l'arrivée probable dans un délai bref de troupes plus nombreuses en suscitant l'angoisse et parfois la panique dans les populations civiles, et aussi l'inquiétude des soldats.
2 Turcos : dans l'argot militaire désignation des Turcs.

autour de la calotte de son chapeau.

Les Allemands sont renseignés sur tous nos mouvements et partout, dans chaque ville, chaque village, en rase campagne même, ils ont des agents qui se transmettent les renseignements par des procédés qu'on a découverts, un peu trop tard…

L'Histoire dira quels grands services a rendus aux Pruscos [1] leur service d'espionnage au début de cette terrible guerre.

L'après-midi de ce 15 août, un espion a été arrêté par un artilleur du 41e régiment qui campe dans un champ près de Nampcelles. Il avait été remarqué tournant autour des pièces[2] et cherchant à faire parler les hommes de garde. L'artiflot en l'empoignant, sentit sur la poitrine de ce traître comme un froissement de papier. C'étaient déjà les plans de toutes les tranchées que nous avions faites sur les hauteurs de Dagny, ainsi que le nombre de troupes et de pièces d'artillerie qui se trouvaient dans cette zone.

Ce jour-là, je prends la garde aux issues et me souviens d'un orage épouvantable qui a duré toute la nuit. Comme chef de poste, je ne me suis pas couché, la consigne est trop sévère. Le 16 août, nous continuons les travaux de terrassement. Des « aéros »[3] ennemis étant signalés, des instructions nous sont données, l'une d'elles est de se cacher quand la cloche de l'église sonnera. En effet, un

---

1 Pruscos : dans l'argot militaire, désignation des Allemands, par déformation des « Prussiens ». Expression héritée de la guerre de 1870-1871, assez rapidement supplantée par les « boches ».
2Pièce : synonyme de canon, ou tube.
3Désignation des avions.

homme est de garde dans le clocher et a pour mission de sonner aussitôt qu'il aperçoit un dirigeable ou un aéroplane.

L'utilisation de ces engins est nouvelle. Les Allemands ont développé les deux types d'appareils. Les dirigeables, dont le comte Ferdinand Von Zeppelin possède le quasi-monopole, naviguent dans le ciel nocturne, inventant le bombardement aérien. Avec les aéroplanes, la supériorité leur est acquise dès le début de la guerre. Les mois passent, les aéroplanes embarquent des chambres noires, puis des appareils photos de plus en plus sophistiqués, manipulés par des professionnels. Les clichés sont ensuite « décryptés » au sol par des spécialistes de l'observation.

Le 17 août, toute ma section est de garde de police. C'est une journée ordinaire de garde avec des consignes plus sévères. Le bruit court que nous allons quitter le pays aussi sommes-nous prêts à partir à la première alerte. Nampcelles est un petit village d'environ 250 habitants, nous y logeons 1 000 hommes. Le pays est beau, légèrement boisé et un peu moins vallonné que le Boulonnais, mais il est pauvre : quelques grandes fermes et des maisonnettes qu'habitent les ouvriers employés aux champs.

Un des nôtres, Depus, a trouvé une chambrette chez une brave femme. C'est là que nous passons nos moments libres à écrire, jouer aux cartes, faire des œufs au plat ou cuire un bon beefsteak dont nous sommes privés depuis le départ de Lille. Nous avons eu du mal à nous payer cette gâterie, car nous étions à peine arrivés dans ce patelin que les quelques épiceries et les mercantis[1] furent dévalisés ainsi que le débit de tabac.

Par cette chaleur torride, notre principale boisson est le cidre, les pommiers sont abondants dans ce pays, d'ailleurs, il faut s'en contenter, il n'y a ni bière, ni vin et il est interdit aux débitants de vendre de l'alcool.

La ferme que notre section occupe est la propriété de deux vieilles femmes dont les fils sont partis. Tout est sale jusqu'aux occupantes qui ne se lavent certainement jamais. Tout traîne dans la cour au milieu du fumier et la cuisine est un vrai trou à ordures, aussi nous préférons faire notre « popote » en plein air. La grange qui nous abrite pendant ces quelques jours est grande et spacieuse, mais remplie de paille vieille de plusieurs années. Ce n'est pas le concert des rats et des souris qui trouble notre sommeil, mais uniquement le besoin de se gratter. En effet, nous sommes rongés par les puces et les totos[2] sur tout le corps.

Il paraît que les camarades des autres fermes en ont leur part aussi, le souvenir de « *Nampcelles-les-puces* » est resté dans la mémoire de tous. Je garde malgré tout de ce séjour à Nampcelles de bons souvenirs.

Après chaque marche, on se déshabille entièrement pour

---

1 Mercantis : mot à connotation péjorative, utilisé par les combattants français pour désigner les civils commerçants ou improvisés commerçants qui vendent, à proximité du front, des boissons ou d'autres produits à des prix exagérément élevés.

2 Totos : nom Champenois répandu en 1914-1918 pour désigner familièrement les poux.

se laver à grande eau et on se sèche au soleil. Il faut attendre que nos vêtements aussi soient secs, car flanelle, chemise, caleçon, bande molletière et capote sont à tordre, tant, nous avons transpiré. Mais c'est plaisir de laver son linge avec ce soleil cuisant, nos effets sèchent à merveille,
Dans mon escouade, il y a de bons garçons, mais pas très serviables et buveurs pour la plupart. À cette époque le cuisinier de l'escouade est un nommé Broche, individu peu recommandable que la mobilisation a libéré de la prison de Loos. Il s'approprie les meilleurs morceaux de viande, et souvent, il nous demande de l'argent pour améliorer le rata avec des légumes, mais les légumes, il les vole dans un potager voisin et l'argent lui sert à boire. Je juge cet homme capable de tout. Il fait la cuisine, pieds nus, et peut rivaliser de saleté avec nos hôtes. Il sera remercié de cette fonction le jour où nous nous apercevrons que le couteau qui sert à couper la viande et à éplucher les légumes est le même qu'il utilise pour nettoyer les ongles de ses pieds sales. Nous touchons 500 grammes de viande par tête et la nourriture est suffisante, mais préparée par un tel homme, c'est à vous dégoûter, aussi les œufs au plat de chez la mère Feuilleux sont-ils bien reçus et appréciés.
Deux autres passent leur temps à importuner le sonneur de l'église. C'est un garçon boniface qu'ils ont surnommé « le zinzin » et ils lui jouent de nombreux tours. La cure étant vacante depuis le départ du curé à la guerre, il veut absolument le remplacer, il a écrit à l'évêque pour cela. Il nous chante tous les cantiques et des « *Ave Maria* » et des « *Ô Salutaris* » dans une langue

qui ressemble à tout, sauf à du latin.

Les 18 et 19 août, le régiment doit se rendre en deux étapes sur Rocroi, pour s'opposer à toute tentative de passage de la Meuse. La 101e brigade va stationner à droite de la 102e, qui occupe la zone Auberton, Beaume, Besmont. Les attelages des régiments d'artillerie suivent avec la cavalerie à trois jours. La poussière blanche de Champagne farine les uniformes et les chevaux sous un grand soleil. Un peu de pluie serait souhaitable, mais le ciel d'été n'annonce pas encore d'orage.
Les attelages rejoignent les *concentrations* : flanquée du sous-officier, chef de pièce, la première pièce de tir se compose d'une voiture-canon et de sa voiture-caisson. L'attelage à six chevaux, semblable à celui des landaus à la Daumont, est conduit de la banquette de l'avant-train, ou par un homme monté sur le premier cheval, à gauche. Les artilleurs, les conducteurs et les servants sont répartis sur les banquettes des coffres. Suivent trois autres attelages, puis deux caissons, qui constituent la « cinquième pièce », intermédiaire entre les canons et les approvisionnements. Ces cinq-là forment la *batterie* proprement dite. Ensuite, vient l'« *échelon* » : six lourdes voitures chargées de coffres pleins d'obus, attelées chacune de six forts chevaux, et puis la forge et le chariot de batterie. Les batteries avancent, mais les officiers ne savent pas encore exactement pour quel emploi. Nous comptons beaucoup sur les artilleurs et leurs « 75 » pour nous soutenir. Nous savons que notre canon est l'un des meilleurs comme l'a affirmé un artilleur qui nous fait

partager son exaltation :
—Le canon se cabre comme un cheval pris de peur. Les crânes vibrent. On a dans les oreilles un tintamarre de cloches ; on est secoué de la tête aux pieds. Une grande lame de feu jaillit de la gueule de la pièce. Le vent, du coup, soulève de la poussière autour de nous. La terre tremble. On a dans la bouche une saveur fade d'abord, âcre à la longue. C'est la poudre. On ne sait si on la sent ou si on la goûte et le tir se poursuit, rapide, sans à-coups. Les mouvements des hommes sont coordonnés, précis, brefs. Ils ne parlent pas. Leurs gestes suffisent pour indiquer la manœuvre. On n'entend que les commandements de hausse du capitaine que répètent les chefs de pièce :
— 2 500 ! Feu !
— 2 525 ! Feu !
Au coup de feu, le tube de la pièce recule sur les glissières du frein, puis, posément, exactement, vient se remettre en batterie, prêt à tirer à nouveau. Derrière le canon, les douilles noircies, en monceau, fument encore.

Nous levons le camp le 18 au matin.
C'est vers 3 heures qu'est donné l'ordre de départ. Nous quittons ce pays sans regret avec l'espoir de trouver mieux. Que de fois, par la suite, ma pensée a été vers Nampcelles quand nous dormions à la belle étoile ou dans une étable infecte !
Ce n'est qu'à 9 heures et demie du soir, après une marche pénible que nous arrivons au village de Dohis. Toute la compagnie est logée dans une ferme. Chaque escouade allume les feux pour faire la soupe. La pluie vient nous

surprendre et vers minuit chacun s'abrite de son mieux après avoir mangé de la viande à moitié cuite. Nous sommes tous les uns sur les autres dans une grange et je ne ferme pas l'œil à cause des cris et des jurons à n'en plus finir. Le moindre mouvement qu'un homme fait réveille les voisins et bien souvent un coup de pied involontaire fait hurler le malheureux, dont la tête, ou la poitrine a été touchée.

La nuit n'est pas longue, à 3 heures, nous sommes rassemblés. La possibilité de se laver n'est même pas envisagée et seul le quart de jus nous sort de notre engourdissement. Je ne puis rien dire de Dohis, l'obscurité régnait à notre arrivée comme elle règne à notre départ.

Nous poursuivons notre avance vers Rocroi. Cette marche est particulièrement pénible. Pendant les premières heures, nous allons gaillardement, mais, à l'apparition du soleil, il faut une volonté de fer pour résister. François Roussel, mon compagnon de marche m'encourage et ce sont ses quelques bonnes paroles qui me donnent la force d'aller jusqu'au bout.

Bien des hommes tombent épuisés et il est impossible de décrire ce que nous endurons au cours de cette étape et des suivantes. Nous nous laissons conduire comme des moutons, les yeux presque fermés sous les rayons brûlants, le dos courbé et pliant sous le poids du sac. Les nuages de poussière que notre passage soulève couvrent le bleu et le rouge des uniformes au point de les rendre méconnaissables. Il faudra, en plus, donner du fouet en arrivant au cantonnement pour enlever cette poussière. Cravate enlevée, capote déboutonnée, nous avançons.

Les ruissellements de transpiration se frayent un chemin à travers la couche de poussière qui couvre les visages.
Des hommes traînent la jambe, mais ils veulent à tout prix faire l'étape. Je suis de ceux-là, car déjà affligé d'un commencement de blessure aux pieds. Les officiers, pour encourager leurs hommes, annoncent toujours les derniers kilomètres, mais ils ne savent pas plus que nous, ce qu'il reste à parcourir.
Pourtant, un jour, où le nombre des « râleurs » est trop grand, le commandement se fâche et se fait donner les noms de ceux-là dont la conduite sera affichée dans leurs communes.
C'était de l'intimidation.

Nous passons à Brunchanel, Rumigny, Champlin, pour arriver à Neuville-aux-Tourneurs, lieu du cantonnement, vers 11 heures. Ce village est assez étendu et c'est là que les États-majors de la brigade et de la division prennent leurs quartiers. Je me souviens peu de ce séjour, car terriblement fatigué, j'ai passé l'après-midi à dormir. Vers le soir, j'ai visité l'église comme je le fais chaque fois que c'est possible.
La ferme qui nous est destinée est déserte et ce n'est pas la seule d'où les habitants se sont enfuis. Ceci indique que nous approchons du feu, d'ailleurs le bruit du canon est beaucoup moins lointain à présent.
Cette après-midi du 20 août : Nous sommes de repos à Neuville. Le lendemain, c'est avec un renouveau de courage que nous nous mettons en route. Après être passés par Maubert-Fontaine, nous arrivons vers midi à

Bourg-Fidèle, lorsque l'on entend :
— Halte ! Formez les faisceaux !
Cette étape a été aussi dure que celle de la veille et, si j'ai tenu jusqu'au bout, c'est grâce à la complaisance d'un de mes hommes qui m'a aidé à porter mon sac.
À cette époque, nous marchions à la victoire, nous avions la foi et notre désir était d'assister à une bataille. On nous laissait dans l'ignorance des événements terribles qui se passaient en Belgique et du nombre écrasant de Prussiens auxquels nous allions devoir faire face.
Les tirailleurs sénégalais ont cantonné la veille à Bourg-Fidèle et au dire des habitants, ils ne voulaient pas s'arrêter, tant leur désir d'arriver plus vite sur l'ennemi était grand.
Le bruit nous est parvenu que nous pouvions bien dormir plusieurs nuits à la belle étoile dans les bois qui bordent la Meuse, aussi, quelques camarades et moi avons jugé utile d'acheter un chandail. Ce n'est pas le prix qui nous a effrayés (huit francs), mais bien la perspective d'une charge en plus dans le sac. Nous nous sommes toutefois décidés et ce fut une bonne précaution.
Le 21 août, départ de Bourg-Fidèle à 5 heures, les pieds bien graissés à la chandelle. La division est concentrée et nous devons nous considérer comme étant dans la zone des opérations.
Passage à Rocroi, où des territoriaux sont en attente et nous souhaitent bonne chance.
Cette étape a été monotone et fatigante. La traversée des Ardennes, représente, entre Rocroi et Couvin, dix-huit à vingt kilomètres de forêt sans trouver à boire, avec des interminables montées et descentes auxquelles nous ne

sommes pas habitués. Quand du haut d'une des côtes, nous apercevons un clocher, puis une agglomération de maisons, nos jambes sentent moins la fatigue et nous rassemblons le peu d'énergie qui nous reste. C'est Couvin. La frontière est passée et nous sommes en Belgique. Chaleureux et vivant est l'accueil que nous font les civelots[1] de Couvin. Nous traversons la ville aux cris de « *Vive la France* », « *À bas, Guillaume,* », « *Apportez nous sa tête !* ».

À maintes reprises, nous entonnons la « Brabançonne » et la « Marseillaise » sous les applaudissements frénétiques de ces bonnes gens. C'est la première fois que nous chantons depuis notre débarquement à Vervins. Pour ce peuple, nous arrivons en libérateur : ils sont heureux de voir des Français. À chaque porte, des seaux pleins d'eau et de vin, de cidre, de coco et d'autres boissons, nous attendent. Les enfants distribuent des tablettes de chocolat, des tartines, du tabac et des cigares. Les femmes sortent de chez elles, la cafetière en main pour distribuer du café bien chaud. Bref, en sortant de cette ville, nous sommes rassasiés.

C'est le village d'Olloy qui nous reçoit ce jour-là, plusieurs régiments y sont cantonnés. Olloy est un village assez important, mais plutôt pauvre, situé sur le versant d'une colline. Bien des troupes y ont logé avant nous et il n'y a presque plus rien. Les hommes se casent tant bien que mal.

---

[1] Civelot ou ciblot : nom donné aux civils par les soldats.

F. Roussel et moi passons la nuit dans une cuisine sur deux bottes de paille, c'est une des meilleures nuits que nous avons faites. Nous devions avoir un lit, mais, au dernier moment, il nous fut « raflé ». Rien d'étonnant à cela.

Le 22 août, à 4 heures, nous repartons d'Olloy, passons à Romerée, Rosée et arrivons vers 14 heures à Flavion, où nous cantonnons. Cette étape ne cède rien aux autres, en fatigue et en chaleur. C'est un soupir général de soulagement quand les fourriers et les hommes de corvée préparent le cantonnement.

Nous sentons que nous approchons de plus en plus de l'ennemi. Le canon se fait entendre presque sans intermittence et le son en est très distinct. À Surie, un aéroplane allemand nous survole. Tous les fusils sont braqués dessus, mais il réussit à s'éloigner sans avoir été atteint.

En route, nous n'avons pas la force d'admirer le beau pays. Pour nous faire lever la tête, il n'y a guère qu'un régiment d'artillerie que nous sommes fiers de voir passer au grand trot, ou le défilé rapide des autobus de Paris aménagés pour le transport de la viande sur le front ou encore l'État-major d'un général d'armée et toute la suite des autos qui l'accompagnent.

À Flavion, la présence de soldats blessés est un indice de plus qui prouve que le champ de bataille n'est pas loin. Harassés, nous ne demandons que du repos, malgré notre grande fatigue, ordre est donné de nous tenir prêts à tout départ précipité et de ne pas s'éloigner du point de rassemblement de la compagnie.

Bien que nous soyons animés d'un égal désir de nous

battre avec vaillance et courage, ce soir-là, nous sommes plutôt tristes. Nous sentons déjà l'odeur de la poudre. Demain, peut-être, cela en sera fini de nous…

Nous sommes privés de lettres depuis plusieurs jours, par bonheur, le vaguemestre nous remet à chaque homme, quelques lettres, jugez de notre joie. Ce soir-là, nous répondons à nos chères femmes.

Une nouvelle arrive : le Pape Pie X vient de mourir sans avoir pu conjurer la guerre générale qui va ensanglanter toute la chrétienté. C'est au début de septembre que le cardinal archevêque de Bologne, Della Chiesa sera élu au pontificat et prendra le nom de Benoît XV.

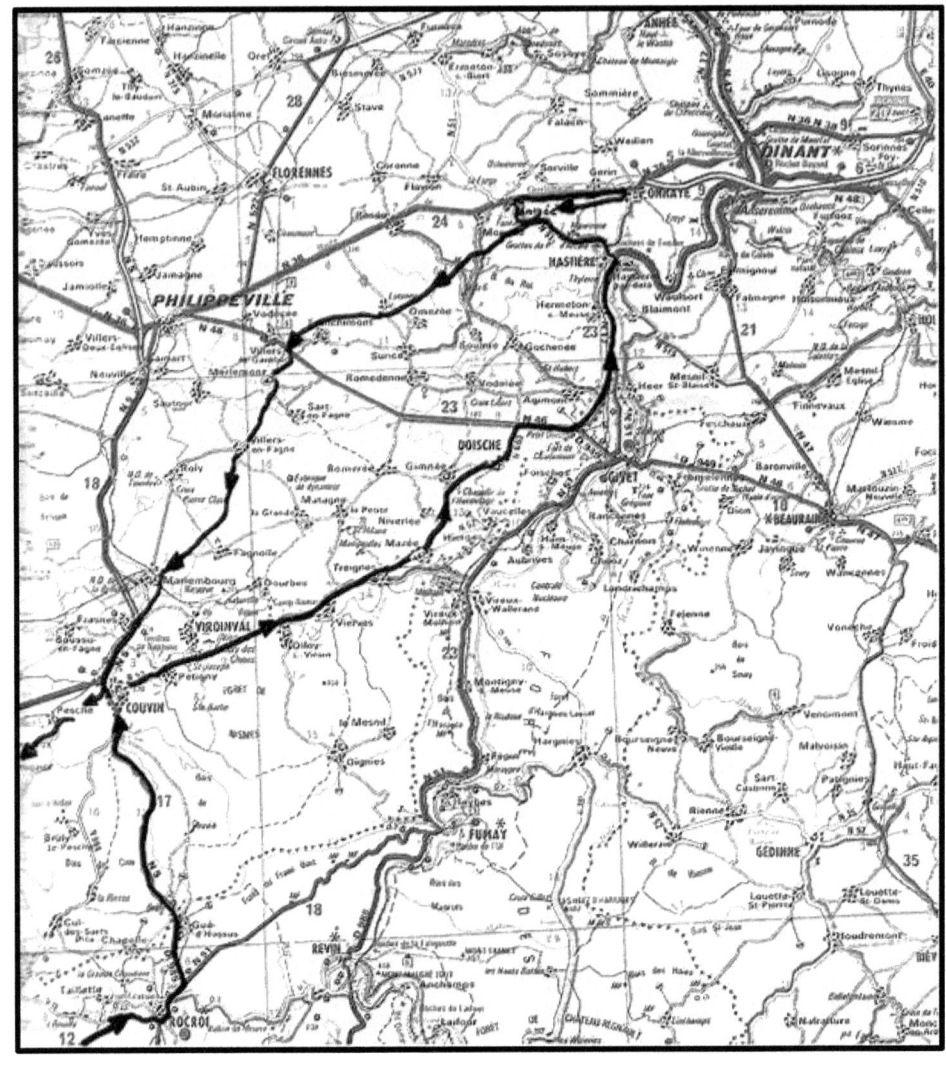

Trajet parcouru par le 243ᵉ RI jusqu'au théâtre des opérations en Belgique, puis lors de la retraite.

2
LA BATAILLE DE DINANT
(La bataille des frontières).

L'histoire ne mentionnera peut-être que très brièvement les combats qui eurent lieu à Dinant. À ce jour, les opérations qui se déroulent en Belgique sont notées comme « première bataille générale ». Quatre armées allemandes passent la Meuse à Liège, Huy, Namur et Dinant. Les Belges opposent une résistance acharnée aux envahisseurs et l'aile gauche de l'armée française passe la frontière pour se porter à leurs secours. Elle se heurte aux colonnes allemandes dans le Luxembourg Belge, doit céder devant le nombre et est rejetée vers la frontière. Charleroi, Namur et Dinant sont le théâtre de sanglantes batailles auxquelles nous allons prendre part.

Depuis plusieurs jours, Français et Allemands sont aux prises à Dinant et c'est non loin de cette ville que notre division résistera pendant toute une journée aux attaques impétueuses d'un ennemi cinq à six fois supérieur en nombre.

Départ de Flavion à 4 heures du matin. Malgré les bruits d'alerte, notre nuit fut excellente et nous nous félicitons d'avoir profité d'un lit qui nous a été offert.

Le lendemain, le 23, la 101ᵉ brigade reçoit l'ordre de se porter dans la direction de Morville. Elle arrive à Gerin. Le canon tonne, les mitrailleuses[1] se font entendre, dans la direction d'Hastière.
Vers 8 heures 30, le commandement communique le renseignement suivant :
— Deux compagnies ennemies ont franchi la Meuse à Waulsort. Un bataillon du 233ᵉ R.I. se porte à Hastière, pour renforcer la défense, et refouler l'ennemi. Cependant, le village de Lenne tombe bientôt aux mains des Allemands, malgré les efforts du 233ᵉ R.I. accouru pour le défendre. Jusqu'à 14 heures, la 101ᵉ brigade reste sur ses positions, en dépit d'un feu violent de tir

---

1 Mitrailleuses : la guerre de 1870-1871 vit la première utilisation des "mitrailleuses" au sein de l'armée française. Ces premières armes (canons-mitrailleurs Montigny ou canon à balles de Reffye) tiraient en salves ou en rafales limitées, des projectiles de gros calibres qui les faisaient s'apparenter à des pièces d'artillerie. Leur poids fit qu'elles devaient être placées sur affût classique d'artillerie et les munitions étaient placées en caisson. Il fallut attendre près de vingt ans pour que les études reprennent sur ce type d'arme. La firme privée Hotchkiss racheta au capitaine austro-hongrois Von Odkolek un brevet concernant une arme automatique. À partir de ce brevet, les ingénieurs de Hotchkiss construisirent un premier prototype qui fut amélioré par la suite. Le succès de cette arme en 1905 dans la guerre Russo-japonaise fut une excellente publicité pour la firme qui la proposa à l'armée française. Celle-ci adopta pour essais, le modèle 1900, qui comportait une crosse et une sureté. Ces dispositifs furent supprimés sur le modèle qui devint la mitrailleuse Hotchkiss modèle 1914. À l'entrée en guerre en 1914, il y avait encore 200 mitrailleuses, modèle 1900 qui furent utilisées jusqu'à la fin des hostilités. La cadence de production du modèle 1914 éclipsa la mitrailleuse St-Etienne 1907 des premières lignes. À la fin de la guerre, il ne restait plus que le modèle Hotchkiss 1914 en service.

d'artillerie. Le 243e R.I. reçoit stoïquement le baptême du feu de l'artillerie lourde ennemie, mais les pertes sont élevées. Nous ignorons celles de l'adversaire. De notre côté, les 10e et 3e corps d'armée, représentant six divisions, ont, seuls, été véritablement engagés. L'ennemi n'a encore fait donner que la garde à Auvelais, son X^e corps actif à Taurines et à Farciennes, et son X^e corps de réserve à Montignies et à Charleroi.
Quels nouveaux effectifs l'ennemi ne jettera-t-il pas dans la lutte ?
Des fractions du 3e corps allemand ne sont-elles pas apparues à Anderlues ?
Ceci met le 243e dans une fâcheuse position. Nous devons, absolument recevoir du secours.
Précisément, le général Mangin se trouve à Denée avec un bataillon du 45e régiment d'infanterie et un bataillon du 148e. Le général Mangin reçoit l'ordre de se diriger hâtivement sur Anthée, afin d'aider le général Boutegourd à rétablir la situation. En même temps, la brigade de cavalerie du 10e corps est lancée en éclaireur vers Hastière et Dinant. Le colonel Pétain accourt vers Denée pour couvrir le repli de la 2e division sur la ligne Flavion-Anthée, la 1re division devant prolonger notre ligne sur les hauteurs au nord d'Ermeton.
La XIe armée allemande de Von Hausen entre en action. Le général Boutegourd, après une héroïque résistance, fait sauter le pont d'Hastière. Mais l'ennemi franchit la rivière à quelques kilomètres en aval, vers Waulsort, où nos troupes, trop faibles, sont écrasées. L'artillerie allemande nous couvre de projectiles. Les 233e et 273e régiments d'infanterie ne réussissent pas à contenir

l'adversaire qui s'empare d'Onhay ; nos unités refluent en désordre.
Cependant l'ennemi n'a encore fait franchir la Meuse, en deux points, qu'à quelques bataillons.
La dernière décade d'août 1914 est difficile pour les armées françaises. Tandis que Joffre et ses généraux s'entêtent à vouloir frapper au centre du dispositif ennemi et qu'ils maintiennent des ordres d'offensive à outrance pour les armées de Langle et de Ruffey, la 5e armée de Lanrezac, tenue jusqu'ici en réserve, reçoit mission de se porter sur la Sambre et Charleroi, afin de faire face à Von Bülow. Cela provoque entre Givet et Dinant, une faiblesse dans les lignes françaises devant lesquelles, l'armée de Von Hausen montre ses avant-gardes, rive droite de la Meuse, à l'arrière droit. Pour être sur la Sambre dès le 20 août, nous devons effectuer une marche harassante de 120 kilomètres, par une chaleur torride, encombrés de la lourde capote réglementaire, du sac de 30 kg et tout l'armement.
Les 233e et 273e se replient sur Anthée, le 243e tient toujours. À 18 heures, le général Mangin avec trois bataillons d'infanterie, une brigade de dragons et deux groupes d'artillerie, arrive à Gerin et commence l'attaque d'Onhaye, que vient d'occuper l'ennemi. Après un violent bombardement, l'assaut du village est donné. Le 243e R.I. y entre le premier. Le soir, le régiment est rassemblé à Gerin et y passe la nuit au bivouac.
Le lendemain, nous passons à Anthée et à quelques kilomètres de ce village, la division marche à travers champs en formation de combat. Dissimulés dans des champs de blé et d'avoine, les hommes déballent les

paquets de cartouches, chacun en est abondamment approvisionné. Des aéroplanes ennemis nous survolent et n'ont aucune difficulté à nous compter. Nous avons la certitude très déplaisante de savoir que les généraux prussiens vont mettre à profit ces renseignements.

Il est 8 heures, le bataillon s'organise aux abords du village de Gerin, nous sommes couchés en tirailleurs prêts à toute éventualité, pendant que nos éclaireurs fouillent le versant opposé, terrain excessivement boisé. Les obus[1] commencent à pleuvoir sur le village, mais peu d'hommes l'occupent. Nous sommes tous en dehors. Toutefois, certains obus éclatent au-dessus de nous et des projectiles tombent sans nous atteindre. Un seul homme a la tête fracassée et meurt sur le coup, c'est un sergent et je crois que c'est la première victime du régiment.

Le commandant passe dans les lignes et a pour ses hommes quelques paroles d'encouragement, puis nous ordonne de tenir toute la journée, en attendant des renforts, il faut que chacun rivalise de bravoure et de courage...

Nous sommes fixés, inférieurs en nombre, la tâche va être dure, mais personne ne perd courage. Quelques civils encore fuient en toute hâte la zone dangereuse, il était temps !

Vers midi, nous nous portons deux kilomètres plus avant, c'est bon signe, nous sommes alertes et pleins d'entrain, mais une grosse déception vient refroidir notre belle ardeur. C'est pour remplacer les 208e et 310e régiments

---

1Obus : Plus de 856 millions d'obus ont été tirés par les artilleries de tous les camps au cours de la Première Guerre mondiale.

qui « flanchent ». Ils ont eu à supporter une terrible attaque et les compagnies se replient avec des effectifs très incomplets. Des blessés se traînent péniblement vers l'ambulance suppliant qu'on leur donne à boire, d'autres, plus atteints, sont transportés par leurs camarades. Des chevaux blessés et pas encore habitués à la canonnade s'enfuient à travers champ, nous devinons qu'une batterie a dû être mise hors d'usage, car des artilleurs, sans pièces, ni chevaux ne reviennent…
Certains perdent la tête et je vois un artilleur revenir, en pleurant, il porte le képi de son capitaine sur la tête. Ce n'est pas très encourageant pour nous de voir cette débandade au moment où nous allons faire le coup de feu.
Aucune arrière-pensée n'est permise à ce moment, car nous allons occuper les positions que l'autre brigade a dû abandonner.
Une faute de notre adjudant a failli nous coûter cher. Il croyait sans doute qu'il n'avait qu'à se montrer pour que les Prussiens fassent demi-tour, aussi ne s'avisa-t-il pas de placer sa section en avant d'une crête, prête à faire le coup de feu. Je me souviens lui avoir dit :
— Mon adjudant, nous sommes à découvert et servons de cibles à l'ennemi ; il faudrait reculer de plusieurs mètres et se placer derrière la crête.
Pour toute réponse j'eus un :
— C'est bon, c'est bon, j'exécute les ordres.
Ces ordres, il les avait mal compris. En effet, une batterie ennemie nous a vite repérés et à peine sommes-nous placés que les obus creusent le terrain. Je ne sais, si l'ordre a été donné, en tout cas d'un mouvement

instinctif et de toute la vitesse de nos jambes, nous nous replions et tout essoufflés nous nous dispersons dans une tranchée qui se trouve à une trentaine de mètres de là. L'adjudant a voulu faire du zèle en portant sa section plus en avant, c'est un miracle, aucun homme n'a été touché.

Terribles sont les moments passés dans cette tranchée, trente centimètres de profondeur et autant de remblais… Voyez si nous sommes bien garantis !

Ainsi, l'infanterie ennemie n'approchant pas, il nous est impossible de tirer et il faut essuyer le feu de l'artillerie. Accroupis dans la tranchée, la tête baissée entre les jambes de son vis-à-vis, nous entendons éclater les Shrapnels[1] tout autour de nous et à chaque détonation, c'est un soupir de soulagement, quand le projectile est tombé dans la terre.

Des hommes doivent le salut à leur sac, s'il est terrible et pesant dans les marches, il est indispensable et grand protecteur contre les abeilles[2] et les éclats d'obus.

Nos batteries répondent aux batteries allemandes et elles ont la tâche très dure, car il faut souvent se déplacer pour faire croire à l'ennemi que nous sommes en nombre et je crois fort que tel soit le but à atteindre, c'est la raison pour laquelle nous restons aussi longtemps dans cette

---

[1] Shrapnels : obus rempli de projectiles, du nom de l'inventeur du minuteur qui provoque l'explosion. L'obus libère 200 à 300 balles de plomb capables de percer un crâne non casqué. Par extension, on appelait aussi shrapnels les éclats d'obus.

[2] Désigne dans l'argot des combattants les balles. Sans doute en raison du sifflement qu'elles produisent.

tranchée à occuper leur feu d'artillerie. Il faut tenir et avoir l'air d'être en force et en nombre. Enfin, la canonnade semble diminuer d'intensité et bientôt c'est le calme presque complet. Nous rentrons à Gerin où nous espérons prendre un repos bien gagné. Fatigants sont ces trajets à travers champs dans les terres labourées, tantôt nous devons courir par bonds, tantôt sauter des haies et des fossés.

Il est 17 heures, le bataillon se rassemble dans un enclos. Les boîtes de conserve sont ouvertes et le reste de pain est partagé. Quelques débrouillards dénichent de la confiture et du beurre dans les fermes désertées. C'est le premier repas de la journée. L'eau d'un puits voisin et mon quart font le bonheur de quelques officiers qui passaient vite, heureux de pouvoir se désaltérer. À ce moment, un aéroplane ennemi nous survole, nos fusils Lebel l'accueillent, mais il s'en retourne sain et sauf. Cette halte n'est pas longue. Le général Mangin vient d'arriver avec ses troupes d'Afrique et ne remet pas au lendemain la contre-attaque qui devait être si brillante.

Privé d'aéroplanes, il envoie ses spahis et ses chasseurs d'Afrique en reconnaissance et une demi-heure après, toutes les troupes sont placées en ligne de bataille.

Je vois encore les cavaliers rentrant au grand galop pour rendre compte au général de leur mission. Nombre d'entre eux payent de leur vie ce raid audacieux, mais le général est renseigné et donne ses ordres pour l'attaque. Notre artillerie crache la mitraille et nos calibres « 75 » font merveille. Pendant ce temps, l'infanterie avance par bonds l'arme à la main. Les balles qui sifflent à nos oreilles sont une preuve que l'ennemi s'est approché dans

le but de nous surprendre à la tombée de la nuit. Son plan est donc déjoué.
Cette bataille restera pour toujours gravée dans ma mémoire.

Le jour disparaît pour faire place à une nuit très sombre. Nous, biffins, avançons méthodiquement et en bon ordre, devant comme derrière. On n'aperçoit bientôt plus que les flammes des bouches à canon. L'obscurité devient un obstacle à notre tir, mais, confiants en notre artillerie qui est vraiment supérieure, nous marchons toujours.
Plusieurs batteries ennemies sont réduites au silence par nos « 75 » et c'est une bonne chose pour nous, nous nous en rendons bien compte.
Des fermes en feu éclairent le champ de bataille. Nous ne sommes plus qu'à quelques centaines de mètres de l'infanterie ennemie. Sur notre droite, les tambours et les clairons sonnent la charge, ce sont les troupes d'Afrique qui foncent sur l'ennemi, les cris des Turcos et des tirailleurs algériens ne permettent pas de doutes. À notre tour, baïonnette au canon, nous sommes entraînés par nos tambours et clairons.
L'ennemi est enfoncé et ceux qui ne sont pas transpercés s'enfuient. Ma section qui était sur la gauche doit s'arrêter à mi-chemin, des tirailleurs ennemis nous ont pris à revers et fauchent tout ce qui passe. Rien de mieux à faire que de se coucher et d'attendre. Chacun en rampant cherche un pli de terrain pour se garantir des balles. Les nez contre terre, nous avons la même sensation que le matin dans les tranchées : les balles sifflent en haut, à droite, à gauche, certaines rasent le sol,

d'autres tirées de plus loin tombent près de nous ayant perdu leur force, les plus terribles sont celles qui s'enfoncent dans le pli de terrain qui nous abrite. Bref, après une attente assez longue dans cette position, le feu cesse.

L'ennemi s'est replié, nous restons maîtres du terrain. Nous nous relevons et le spectacle qui s'offre à nos yeux est grandiose dans sa tristesse. Des villages entiers sont en flammes et ces immenses brasiers éclairent tout l'horizon. Pauvres paysans, qu'allez-vous retrouver de vos maisons qui vous étaient si chères ? Les clairons sonnent le « cessez-le-feu » et le « rassemblement ». Nous voulons rejoindre notre compagnie, mais impossible de nous orienter. Par bonheur, nos batteries achèvent de disperser l'ennemi et ce sont leurs quatre coups qui nous ont indiqué le chemin à prendre. On sait que les batteries allemandes sont des six pièces.

C'est une victoire. Les drapeaux sont déployés et on entonne la Marseillaise aux cris de « *Vive le général Mangin* ». Celui-ci, la cigarette aux lèvres, sourit de contentement :

— C'est très bien, mes enfants, maintenant, allez-vous reposer, dit-il.

Il est 11 heures du soir, les régiments se rassemblent et les hommes se couchent sur le sol où ils viennent de se grouper.

Pendant ce temps, les infirmiers et brancardiers, dont la tâche sera encore plus périlleuse avec la disparition progressive des trêves destinées à permettre la récupération des blessés, parcourent le champ de bataille. Leur travail est très difficile à cause de la nuit et du terrain très boisé. Un des aspects les plus éprouvants de la guerre est le sort de ces blessés et le traitement qui leur est appliqué. Souvent la blessure est soignée par le soldat lui-même ou par un camarade. Si cette blessure présente une certaine gravité, il faut alors procéder à une évacuation. Mais de nombreuses blessures apparemment légères finissent en agonie de par l'impossibilité de pratiquer des soins immédiats. Il y a bien des ambulances, mais les blessés doivent y parvenir le plus souvent par leurs propres moyens. Dans le poste de secours, le médecin-major et ses aides (médecins mobilisés et infirmiers) procèdent à un premier tri pour déterminer les urgences. Nous n'avons pas encore d'auto-chir[1].

---

1 Autochir : abréviation d'ambulance chirurgicale automobile (A.C.M.). Expérimentée dès novembre 1914, elle était équipée d'une salle d'opération mobile à 2 tables avec matériel de stérilisation et de couchage nécessitant trois camions. Son personnel comprenait 2 chirurgiens et 25 infirmiers. Cependant, elle ne pouvait fonctionner qu'en s'accolant à une formation plus lourde. Des perfectionnements furent apportés en février 1915. Un premier camion contenait la chaudière, un grand autoclave horizontal, un petit autoclave vertical, deux bouilloires, un radiateur, le linge pour médecins. Un second camion contenait les appareils de radiographie, les parois d'une baraque opératoire de 70 m2, le matériel chirurgical et la pharmacie. Le troisième camion transportait le groupe électrogène et faisait fonction de « magasin ». Il y avait 23 A.C.M., soit une dans chaque armée en 1917.

Je suis persuadé que certains blessés sont morts faute de soins ou ont été ramassés le lendemain par les Allemands.

Comme si cette journée n'avait pas suffi, ma section est de garde aux avant-postes. C'était trop sérieux pour fermer l'œil et nous avons veillé à la chaleur des brasiers qui fumaient encore.

Dans mon escouade, un homme a été blessé et un autre est mort ou disparu. Cette journée « glorieuse » n'eut pas de lendemain. Quelques heures après, c'était le commencement du repli.

III

LE REPLI.

Lundi 24 août. Il est 4 heures du matin. La fusillade se fait déjà entendre. Nous pensons qu'une nouvelle rencontre va avoir lieu, mais il n'en est rien, pour nous du moins. C'est une autre division qui essaie d'arrêter l'avance ennemie pendant que nous plions bagage et faisons demi-tour, sans avoir pu faire le café du matin.

Les hommes ne comprennent rien à cette manœuvre, mais les officiers les rassurent en déclarant que la division, après les fatigues de la veille, a reçu l'ordre de reculer d'une dizaine de kilomètres pour se reposer. Mais dix kilomètres se tirent, puis douze, quinze, vingt et on n'arrête toujours pas.

Ce n'est pas naturel.

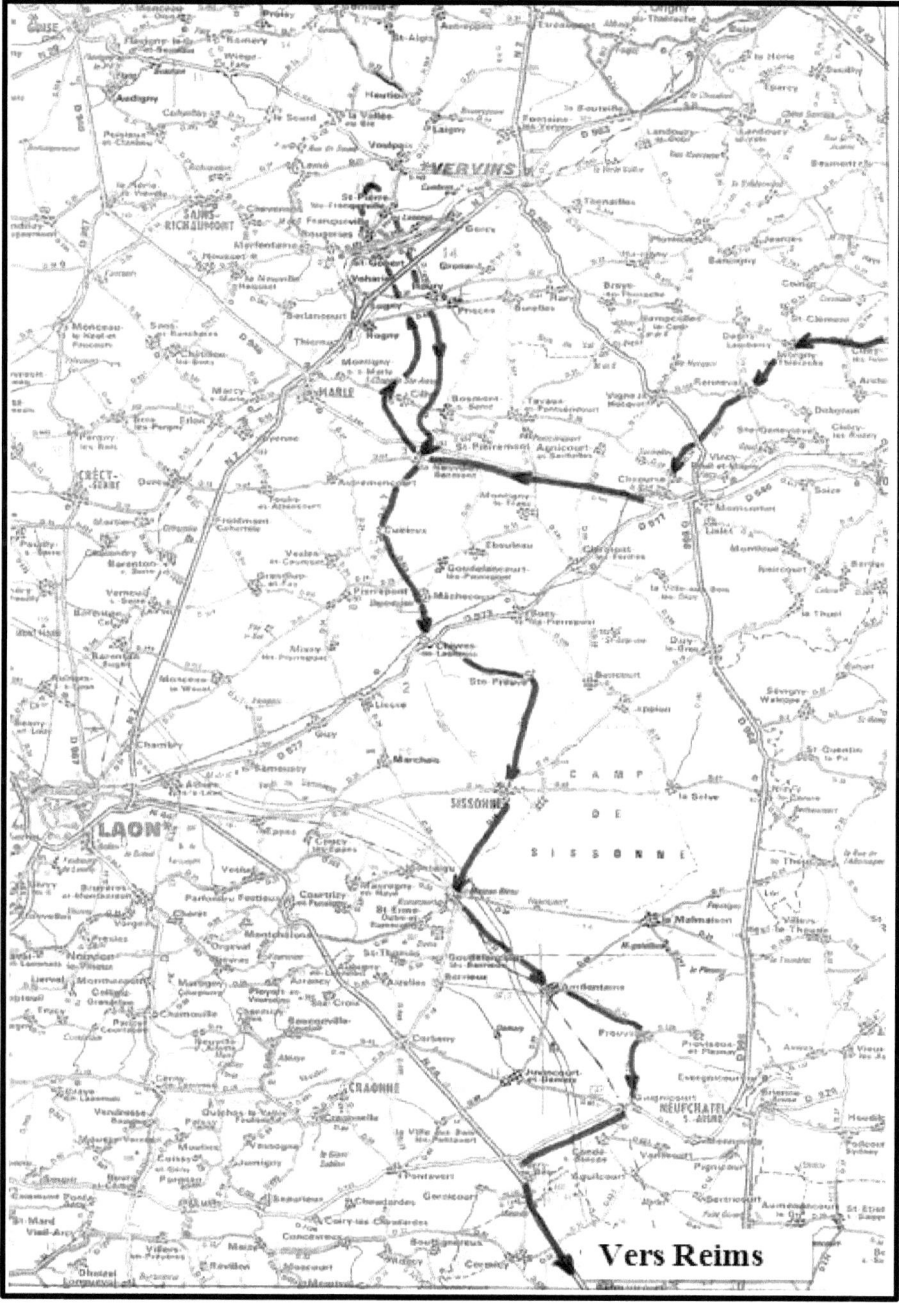

de Saint Pierre. Puis objectif : la Marne
Notre pas accélère et le spectacle de la route ne laisse aucun doute. Il faut marcher, l'ennemi nous poursuit. Ce jour-là, comme tous les jours de cette retraite, nous ne perdons pas courage. Ceci ne veut pas dire que nous ne nous sommes jamais découragés, nous avons souvent eu de ces moments pénibles, la fatigue et l'épuisement en étaient la cause principale, mais notre moral n'a jamais été atteint au point de croire que la France était perdue. Nous pensions bien que c'était une tactique et nous avions confiance en notre valeur, car, chaque fois que nous avons eu à nous opposer à ces sales « fritz ^{1} », l'avantage était de notre côté. Nous gardions nos positions jusqu'à ce qu'arrive l'ordre de reculer.

Nous passons devant une immense ferme où s'est installé « le service des ambulances ». Des blessés à qui on a donné les premiers soins attendent dans la cour que les autos viennent les chercher, d'autres, capables de marcher doivent s'acheminer vers l'arrière par leurs propres moyens. À quelques centaines de mètres de là, un homme et une femme sont étendus, un obus les a abattus et l'on voit encore les plaies béantes. Notre division se replie en bon ordre et malgré la chaleur, les hommes tiennent bon, mais ce long parcours nous rend témoins de choses bien tristes. Ce sont des blessés qui se traînent péniblement et donnent un suprême effort pour ne pas

---

1Fritz : désignation des Allemands par les Français, nettement moins usitée que celle de boche.

être distancés du gros de la colonne. Certains ont été hissés sur les voitures disponibles. D'autres se cramponnent à l'arrière des véhicules et se laissent traîner lourdement. Nous ne pouvons rien faire pour eux. Bien des soldats ont perdu leur régiment, exténués, ils ont dû l'abandonner pour quelque temps et dans l'intervalle, leur régiment a coupé à travers bois. Ils errent et nous suivent pour être certains d'être sur la bonne route. Il y en a de toutes les armes et certains sont égarés depuis deux et trois jours. Ce sont des jeunes de l'active qui se sont battus aux environs de Namur. Des soldats belges offrent un aspect plus lamentable encore, ils sont exténués, n'ont plus ni sac, ni fusil. On en voit étendus sur le bord de la route que le passage d'une batterie d'artillerie ne réveille même pas et pourtant, ils savent eux aussi qu'il faut marcher pour ne pas être fait prisonnier. Il faut cependant reconnaître que les colonnes belges que nous avons vues se retiraient en bon ordre. Beaucoup d'entre nous n'ont plus de képi et portent un pantalon de civil et parfois, pour les plus chanceux, un pardessus remplace l'uniforme déchiré.

Le spectacle le plus triste et le plus lamentable est l'exode de la population.

Abandonner maison, ferme, champs et tout ce qui vous attache à votre « chez-vous » pour fuir vers l'inconnu. Laisser tout ce qui vous est si cher pour être pillé et dévasté, brûlé peut-être ! On s'attache à sa maison comme à une personne que l'on aime, ses murs ont partagé les années de bonheur comme les heures de tristesse. Cette table, cette vieille armoire, ce portrait d'un ancêtre, ce grand Christ en cuivre sont autant de souvenirs qu'on ne peut emporter. Et la vieille horloge, plus vieille même que la maison dont le tic-tac si familier au modeste intérieur donne une note de paix, de calme et de tranquillité. Tout cela, n'est plus que souvenir auquel on se cramponne davantage à mesure que s'accentue la distance qui vous en sépare.

Ah ! Pauvres gens !

Victimes innocentes de l'ambition et de la force. Paisibles campagnards, qu'avez-vous faits pour que ce fléau s'abatte sur votre pays ?

Après être repassée par Anthée, la division laisse de côté cette longue route, théâtre de ce spectacle inoubliable. J'attribue à la stratégie cette course à travers champs qui s'ensuit, mais les arrêts fréquents causés par l'exode des habitants ne doivent pas lui être étrangers. Nous foulons aux pieds cette campagne suspecte sans en admirer la beauté et les Ardennes belges, si riantes et si pittoresques ne provoquent même pas une parole d'admiration, au contraire, ces gars « de ch'Nord », aux molletières taillées dans des rideaux de reps et des Flandres maudissent les côtes interminables qui viennent accroître les peines et les fatigues.

Une seule compensation, ce sont les forêts qui vous mettent à l'abri du soleil brûlant. Si ce n'est la crainte de l'ennemi, bien des hommes sont sur le point d'abandonner. Beaucoup de sacs ont été laissés sur les champs de bataille de la veille et l'obscurité ne permet pas de les retrouver.

Les hommes sans sac aident les autres, mais il est temps qu'on prenne un peu de repos. La grande halte, a lieu à l'entrée du village de Villers le Gambon et les

dispositions sont prises pour le cantonnement. Après douze heures de marche, nous étions heureux d'avoir la perspective d'une bonne nuit de sommeil. Il n'en est rien. Je suis à moitié dévêtu, un savon et une serviette à la main, quand j'entends retentir les cris de :
— Aux armes, aux armes, grouillez-vous bordel!
Chaque homme saute sur un fusil et s'aligne sur la route. Le cœur battant, on se bouscule, c'est à qui ne sera pas le dernier à sortir de la grange. Le capitaine, les jumelles braquées sur l'objectif, s'écrie :
— Ne tirez pas, ne tirez pas !
Puis, l'instant d'après,
— Décharger. Fausse alerte. Rompez, fusils en faisceaux.
Les sentinelles qui ont donné l'alarme ont cru voir des Uhlans. C'est, en fait, un peloton de lanciers belges qui arrive au galop. La poussière qu'ils soulèvent ne laisse reconnaître que les casques. Ils doivent leur salut au sang froid de l'officier, car la décharge qui allait éclater n'en aurait épargné aucun. Aucun d'entre nous n'est en tenue réglementaire, les uns en bras de chemise, les autres avec une simple veste qui laisse voir le torse nu et la plupart, en pantoufles ou pieds nus.
Au régiment, il ne faut jamais laisser traîner ses affaires et encore moins en campagne. On sait qu'il y a des amateurs de tout et ils sont encore plus nombreux depuis l'abandon des sacs sur les champs de bataille.
Les hommes se hâtent de rassembler ce qui leur appartient et ce n'est pas chose facile dans cette paille : chaussettes, bouts de chandelle voisinent avec le pain, le sucre et les grains de café. Certains se chamaillent,

beaucoup s'engueulent.
J'ai toutes les peines du monde à retrouver mes chaussettes, mes jambières et mes pantoufles.
— Et merde, quel est le con qui m'a pris mes affaires ?
— Quel est l'abruti qui s'est trompé de capote ?
— Ma serviette, ma cravate, nom de Dieu !
— Si j'attrape le péquenaud qui les a, je lui passe ma baïonnette dans le ventre, bordel.
Voilà ce que l'on peut entendre, presque de tous côtés.
Un ordre de départ arrive presque aussitôt et les hommes s'empressent d'avaler le bouillon à l'eau et la « bidoche » à moitié cuite. Des vivres de réserve sont distribués, gamelles, plats et marmites sont montés sur les sacs et en route. Les jambes semblent vouloir refuser ce nouvel effort et des milliers d'épingles rougies brûlent la plante des pieds. Mais l'énergie l'emporte, malgré certains petits murmures de réprobation. Les petits villages que nous traversons la nuit n'attirent pas mon attention et bien souvent mes yeux se ferment et semblent ne plus vouloir m'obéir. Dans le lointain, on aperçoit un éclairage assez important, c'est la gare de Marienbourg, dont les services chauffent le plus de trains possible et expédient les dernières machines. Il est environ une heure du matin quand le régiment arrête dans un vaste champ situé aux abords du village de Frasnes, à côté de la ville de Marienbourg. C'est sur l'herbe humide, avec le sac comme oreiller que nos braves soldats se couchent, ou plutôt se laissent tomber. Je n'ai pas dormi depuis plus de 46 heures. Quoique ayant froid, je ressens un bien-être d'être étendu. Je sommeille quelque peu et au lever du jour, je n'éprouve aucune difficulté à me mettre debout,

le lit étant trop dur et les couvertures « étant de sortie ».

Nos sommes le 25 août. Ces deux heures de vilain sommeil nous firent certainement moins de bien que le quart de jus, bien chaud, dégusté autour d'un bon feu de bois.

Nous sommes à peine sortis de Marienbourg que la colonne des Pruscos qui nous poursuit est signalée à quelques kilomètres. À la faveur de l'obscurité, nos artilleurs, protégés seulement par un petit nombre de fantassins, dissimulent leurs batteries sur les hauteurs de Marienbourg. Ils attendent l'aube.

Ce coup, très audacieux, arrête pour un moment la marche de l'ennemi et la canonnade qui l'accueille lui fait croire que nous sommes retranchés en nombre dans et autour de la ville. Il apparaît que les troupes allemandes longeaient la route en colonnes serrées, fiévreuses de faire le plus de chemin possible et certaines de ne plus rencontrer d'obstacles dans leur avance foudroyante. Elles durent avoir une fameuse déception, car nos « 75 », grâce à la bonne exécution de la feuille de calcul [1], fauchent quatre à cinq mille hommes et ce

---

1 Feuille de calcul : dans l'artillerie, elle est établie par l'officier de tir afin de lui permettre d'estimer la distance de l'objectif. Il faut tenir compte, pour cela, de la température et de la pression atmosphérique, de la direction et de la force du vent, etc….La distance obtenue est indiquée au chef de pièce qui la communique aux tireurs.

« merveilleux travail » terminé, nos braves servants [1] artilleurs font demi-tour au grand galop. Ce coup de maître nous permet de prendre un peu de distance.

La ville de Cauvin nous retrouve, mais ce ne sont plus les acclamations chaleureuses qui avaient salué notre passage quelques jours auparavant. Les habitants sont désespérés et une fiévreuse activité règne parmi cette population si accueillante.

Des officiers belges visiblement énervés donnent des ordres brefs et graves. Ils s'efforcent de rassembler leurs hommes qui ne se doutent guère que l'ennemi est à leurs trousses. Il y en a de toutes les armes et venant de toutes les directions. Charleroi, Namur, Dinant, etc. Ils sont harassés de fatigue et assiègent les débits de boissons. Il fait une chaleur tropicale et nous buvons tout ce qui se présente. Dans la forêt qui nécessite plusieurs heures de traversée, un petit ruisseau fait le bonheur de bien des hommes. Il y en a qui commencent à ne plus pouvoir suivre et se laissent distancer. Les voitures sont déjà fort chargées de sacs et d'éclopés. On s'aide mutuellement, un camarade porte mon sac, il était temps, car je n'en peux plus.

Heureusement pour ceux qui n'en peuvent plus, les autobus de Paris aménagés en voitures à viande reviennent vides et ramassent sur la route le plus d'hommes possible. À la sortie de la forêt, nous faisons une grande halte et, pour la première fois, il y a une

---

1 Servants : terme d'artillerie qui désigne ceux qui sont directement chargés de la mise en œuvre d'une pièce.

distribution d'alcool. Après Cul-des-Sarts, nous passons à Burely et c'est à Renowez que le régiment s'arrête pour la nuit, il est 9 heures du soir. Des milliers d'hommes bivouaquent à cet endroit. Notre compagnie est favorisée, nous sommes logés dans une petite ferme. Nous nous serrons les uns contre les autres, heureux d'être à l'abri. Depuis trois jours, nous n'avions pas fermé l'œil, aussi cette nuit fut bonne et j'ai dormi profondément de 10 heures 30 à 4 heures du matin. Des troupes, des convois, des régiments entiers sont passés toute la nuit. Je n'ai rien entendu.

À 5 heures du matin, le 26 août, nous nous remettons en route. Les traînards de la veille nous ont rejoints. Les souffrances semblent être oubliées et le moral est meilleur encore que le physique. Nous passons à Signy-le-Petit et arrivons à Any-Martin-Rieux. Quel ne fut pas notre étonnement d'apprendre que c'était le lieu du cantonnement !
Il n'était que midi ! Nous nous attendions à une nouvelle alerte, mais il n'en fut rien. L'allure avait été assez vive et cet après-midi de repos fut bien accueilli.
Mon premier souci, en arrivant au cantonnement, est le soin de mes pieds. Cette opération demande généralement une grosse demi-heure. J'enlève godillots et chaussettes et, à l'aide d'un bout de toile, j'essuie le produit gras dont la surface du pied était recouverte depuis la veille. La chandelle est le corps gras préféré, mais ma petite réserve est épuisée et les villages en sont dépourvus. On se sert alors de gras de lard et au pis aller de gras de bœuf. Les chaussures sont graissées avec le

même procédé. Je passe les pieds nus dans mes pantoufles que je garde jusqu'au soir.

En tant que caporal, il me faut aller chercher des vivres : viande, pommes de terre, sel, café, sucre, riz et haricots. J'emmène des hommes de corvée qui ne sont jamais dispos pour les faire. La distribution est souvent bien lente, mais il faut bien attendre pour avoir sa part. Tout étant consigné par le fourrier. Ensuite, il faut s'occuper de faire cuire la bidoche, éplucher les pommes de terre, moudre le café, ramasser le bois, distribuer les portions de pain, etc.

On appelle encore les caporaux pour toucher le tabac et les vivres de réserve. Dans certaines escouades, c'est aussi le caporal qui coupe les portions de viande pour qu'il n'y ait pas de jaloux, car les militaires sont comme les enfants mal élevés qui regardent dans l'assiette de leurs voisins. Le plus terrible dans ces corvées est de se procurer des hommes. On appelle les noms, pas de réponse, on « gueule », même résultat. Il faut, souvent, aller soi-même dans la grange pour dénicher ceux qui dorment ou simulent le sommeil et dans les cabarets où ils restent quelquefois des après-midi entiers. Tout cela prend beaucoup de temps.

Après les pieds et les corvées, c'est le lavage de soi d'abord, puis du linge, si c'est nécessaire. C'est un réel plaisir de se mettre la tête dans un seau d'eau et de se doucher jusqu'à la ceinture, puis on s'allonge sur l'herbe près de la capote, de la chemise et de la flanelle qui sèchent au soleil. Elles sont aussi trempées de la transpiration que si elles sortaient de la cuvette. Quand on a le temps et assez d'eau, on fait une petite lessive ;

mouchoirs, cravate, caleçon. Cette toilette terminée, je fais un petit somme sur le gazon à l'ombre ou bien sur la paille, quand il faut aller trop loin pour trouver de l'ombre, mais le repos dans la grange est insupportable pendant la journée. Il y a trop de vilaines mouches.

Des cris me réveillent :
— À la soupe, bande de tire-au-cul. Y'en n'aura pas pour tout l'monde. Remuez-vous, la couenne ! Vous faites trop de gras.
Je mange souvent sans goût et par raison. Quand on peut trouver des œufs, c'est un régal, mais ils sont très rares car les villages ont été visités par d'autres troupes qui ont fait main basse sur les poules et les œufs. Les poules qu'il y a sont réservées aux officiers dont les cuisiniers accompagnent le campement.
Malheur à la fermière qui ne veut pas vendre sa basse-cour, le lendemain, elle s'apercevra, mais trop tard, que coqs et poulets ont « sauté le mur ». Des hommes peu scrupuleux ont vite tordu le cou aux pauvres bêtes qui font l'étape suivante dans les musettes, s'il est trop tard pour les cuire le jour même. Le raisonnement est toujours le même : « *Si ce n'est pas nous qui le prenons, ce sera les boches!* »
C'est également après la soupe que je griffonne quelques mots pour ma femme. Des nouvelles de ma santé, écrites au crayon, c'est tout, car il est interdit de dire l'endroit où l'on se trouve et de ne faire aucune allusion aux opérations militaires. Aucune lettre ne peut être cachetée, toutes sont examinées par la censure et toutes les

correspondances douteuses sont jetées au panier. Je l'ai su bien plus tard, les lettres envoyées pendant cette retraite ne sont jamais parvenues aux destinataires, contrôle postal[1] ne les avait même pas caviardées[2] et un bon nombre a dû tomber aux mains des Allemands.
La journée se termine généralement au cabaret où l'on trinque avec des amis.

Après une bonne nuit et un peu de café, ce 26 août à 5 heures, c'est le départ. Il fait toujours aussi chaud et on en vient à souhaiter la pluie et pourtant ce n'est pas mieux. Nous passons à Leuze et arrivons vers 15 heures à Saint-Clément où a lieu le cantonnement. Nous sommes logés dans une ferme dont le propriétaire est d'une amabilité exagérée. C'est un fort gaillard d'une trentaine d'années et lui, pas plus que sa femme n'ont l'air de vrais villageois. Il nous offre tout ce qu'il a et cause longuement avec les soldats. Ses allures paraissent louches à certains et ses contradictions concernant sa situation militaire sont plus que douteuses.
Dupureur, notre sergent, qui l'a « cuisiné » assez

---

1 Contrôle postal : ce terme désigne à la fois le système de contrôle du courrier des soldats et l'organisme qui en est chargé, à partir de 1915. La proportion de lettres lues est variable et augmente lors des périodes où les besoins de surveillance s'accroissent. Les combattants connaissent l'existence d'un contrôle de la correspondance et pratiquent fréquemment l'autocensure, le langage codé ou le détournement pour transmettre des informations sans se compromettre.
2 Caviarder : rendre illisible par des raturages certains passages d'une lettre. Cette opération est effectuée par les commissions de contrôle postal.

adroitement, je dois dire, fait part de ses craintes au capitaine. De plus, un homme a trouvé, dans une grange, un paquet de pansements allemands. La compagnie est déjà couchée quand la section de garde est rassemblée en silence, l'arme chargée et baïonnette au canon. Elle fait une perquisition dans la ferme et une battue dans les environs. Notre homme et sa maîtresse ont déjà disparu. C'est un espion. Un service important de sentinelles, entourant le village, est mis en place. Il est impossible qu'ils l'aient quitté. Les recherches minutieuses aboutissent à leur découverte. Cachés dans une chambre d'une maison, ils ont près d'eux, un fusil de chasse chargé. Ils sont arrêtés et confiés à la gendarmerie. Nous ne sûmes jamais qui ils étaient, ni ce qu'ils sont devenus.
Frédéric le Grand disait : « *Quand le roi de France part en guerre, il se fait précéder de 100 cuisiniers, moi, je me fais précéder de 100 espions* ».
Les souverains allemands n'ont pas changé et c'est près de 20 000 espions qui nous entourent au début de cette guerre.
Il y en a partout même jusque dans nos rangs et le nombre, déjà respectable qu'on a arrêté et fusillé n'empêche pas les autres de continuer leur sale besogne. Constatation pénible, ces individus sont en partie Français ou naturalisés Français, ce qui rend leur arrestation très difficile.
Des livres paraîtront sûrement pour expliquer aux Français les agissements de ces êtres à la solde de l'Allemagne. Les témoignages que j'apporte concernent des faits que des historiens expliqueront un jour. Cette aventure d'espion nous a valu une nuit assez agitée. Nous

couchons dans la ferme de cet espion et, quand la nouvelle de sa fuite est connue, nous ne sommes plus tranquilles.

Beaucoup se forgent des idées noires : « il va nous faire sauter à la dynamite », ou encore « il se cache pour mettre le feu à la grange ». Certains préfèrent passer la nuit dehors et le lait dont il avait rempli nos bidons est déversé sur le sol, il a dû être empoisonné !

L'espionnite[1] nous gagne…

Il faut savoir que l'ennemi est renseigné pendant la nuit sur le chemin que nous prenons par des signaux visibles à l'œil nu. Des lumières apparaissent soudain au milieu des bois : de couleur verte, rouge ou blanche selon le renseignement à fournir. Leur nombre et la main qui les actionnent varient à plusieurs reprises et avec les temps d'arrêt convenus. Une certaine maison isolée avait une, deux, trois, voire toutes les fenêtres éclairées suivant le cas et pendant le jour, il s'échappe de la cheminée d'une autre, des nuages de fumée très distincts et faciles à compter même à distance.

Bien des espions dissimulent leur jeu sous des haillons de bohémien. Sur les routes, à l'entrée des villages et le plus souvent à la lisière d'un bois stationnent leurs carrioles misérables. Un âne ou un vilain cheval broute en liberté. Des loques sèchent sur l'herbe et de sales gamins jouent

---

1 L'Espionnite : terme formé sur une terminaison désignant une maladie, pour qualifier le fait de voir des espions partout ou du moins de leur attribuer une influence et des actes exagérés par rapport à leur présence réelle. L'espionnite est particulièrement repandue au début de la guerre dans le contexte d'exaltation patriotique de 1914 et l'incertitude des premiers combats.

et se battent pendant que la femme prépare un semblant de repas.
Mais l'homme, où est-il ?
Il est perché sur un arbre d'où il observe les mouvements de troupes pour en rendre compte à un compère à la nuit tombée, soit par signaux, soit de vive voix, si c'est possible.
D'autres, soi-disant des Belges, fuient l'invasion et nous accompagnent dans la retraite. Pendant la nuit, ils fournissent tous les renseignements à des complices.

Dès le soir du 27 août, la 5e armée se trouve de nouveau en flèche, menacée sur ses deux flancs.
Notre petit groupe se retrouve pour analyser la situation avec notre lieutenant.
— Lanrezac envisage l'éventualité d'une retraite sur Laon pour demain, nous annonce tout à tract, l'adjudant Goosen.
— C'est une plaisanterie, s'insurge Roussel.
— D'où tenez-vous ce bobard, Goosen ?
— Le bruit circule mon lieutenant.
— Non, tout ça, c'est du flan. Le colonel Alexandre, du G.Q.G., vient de lui faire porter l'ordre de prendre l'offensive sur Saint-Quentin.
— L'opération est scabreuse, mon lieutenant. L'armée est face au nord et c'est face à l'ouest qu'elle doit attaquer. Or, selon toute apparence, l'ennemi tient déjà solidement Saint-Quentin.
— C'est vrai, il faudra l'emporter de haute lutte pour permettre à Lanrezac de préparer son changement de

direction et orienter ses forces vers un nouvel objectif. Assailli sur le flanc par les colonnes allemandes signalées au nord de l'Oise, il essaiera de retarder la marche de l'ennemi, de dégager l'armée anglaise épuisée, de permettre à l'armée de Maunoury d'entrer en ligne, de donner aux autres armées le temps de se ressaisir et d'accepter la bataille sur les positions fixées le 25 août.
— Il n'y a pas à discuter, Messieurs.
— Si on a bien compris, c'est une mission de sacrifice, mon lieutenant ?
— C'est une mission comme les autres, un point c'est tout ! Rompez, à présent.
Le gros de la 5e armée, au total huit divisions, se porte à l'attaque de Saint-Quentin. La réalisation de ce dispositif va maintenir la 5e armée sur l'Oise pendant toute la journée du 28 août.
Le général Haig, commandant le 1er corps britannique, informe le général Lanrezac que le gros de l'armée anglaise est hors d'état de combattre. Heureusement, si l'appui anglais fait défaut, à droite la 4e armée résiste héroïquement aux furieux assauts de l'ennemi dans la région de Signy l'Abbaye. Elle résiste, mais elle a devant elle des forces considérables. Il est sage de prévoir encore un prochain recul de ce côté. Joffre venu du G.Q.G. est plein d'optimisme. Il attend beaucoup de l'offensive de Saint-Quentin. Il ne change rien à ses ordres :
— Pousser à fond l'attaque, sans s'inquiéter de l'armée anglaise.
Or la nuit n'est pas encore tombée que, tout à coup, le canon tonne sur l'Oise.

C'est sans regret que nous quittons saint Clément. Il est 16 heures. Marche monotone et toujours par une chaleur terrible. Les coups de canon s'entendent de plus en plus distinctement et ce n'est pas de très bon augure. Nous passons à Chaourse et c'est à Neuville-Bosmont que l'on cantonne. La division est concentrée dans ce village et aux environs. Les allées et venues des généraux et de leurs États-majors nous montrent bien que quelque chose va se passer. Les débits de boissons sont consignés et l'eau n'est pas buvable. Nous trouvons un fermier qui veut bien nous vendre son cidre et à tour de rôle, nous descendons à la cave, le tirer dans nos bidons. Sa femme contrôle en bas et lui, en haut de l'escalier pour toucher les trente centimes qu'il demande. Pendant ces journées de chaleur, le cidre est notre principale boisson. Il faut dire qu'il n'y en a guère d'autres. C'est un cidre qui agit grandement sur la vessie. De plus, il donne des coliques. Il faut bien boire pourtant. Les pommes dont ce pays est inondé ont été la cause de bien des indispositions. Des soldats se croient tout permis. Ils ont mis à sac une maison. La propriétaire est venue se plaindre au commandant. Tous les sacs sont alignés et visités minutieusement. Les voleurs sont découverts, désarmés et aussitôt remis aux gendarmes.

Le lendemain, le 29, après une bonne nuit, la matinée se passe en distributions diverses. Quelle organisation puissante exige cette guerre !
Elle dévore les vivres, les munitions, les effets et les

armes. Il faut tout prévoir, alimenter les hommes, préparer les transports, les évacuations, les distributions, les renforts et les engins. Alignés sur la route, nous écoutons attentivement le rapport du général qui nous annonce une prochaine bataille. Il compte sur la vaillance, l'énergie et la bonne volonté de tous pour faire triompher les trois couleurs. À l'aube du 29, Von Bülow tente une offensive vigoureuse. Deux corps d'élite, la garde impériale et le Xème corps abordent l'Oise entre Guises et Etréaupont.

La 51e D.I., en soutien de la division de cavalerie, se porte dans la région de Vervins en deux colonnes de brigade, la 101e brigade à gauche par Bosmont, Prisces, le 243e R.I. formé en rassemblement articulé, poursuit sa marche dans la direction du signal de Saint-Gobert. Une compagnie, la 23e, sous les ordres du capitaine Lequeux, couvre la gauche, avec les éléments avancés. La brigade continuant son mouvement, le régiment se porte aux Barraques, puis sur Saint-Pierre où il est soumis à une violente canonnade d'obusiers et d'artillerie lourde. Notre 10e corps résiste désespérément, puis recule. À droite, nous sommes obligés de reculer aussi. La situation est grave. L'attaque sur Saint-Quentin ne peut désormais se déclencher, au risque de se faire prendre en écharpe.

IV

LA BATAILLE DE GUISE OU PREMIÈRE BATAILLE DE SAINT-PIERRE-LES-FRANQUEVILLE.

Vers 10 heures et demie, nous quittons Neuville-Bosmont, une dizaine de kilomètres sur la route, toujours par la grande chaleur, puis le régiment prend ses formations de combat. Nous allons à la rencontre de l'ennemi, car c'est à notre tour d'arrêter sa marche formidable, pendant que d'autres colonnes se replient. Cette retraite a été merveilleusement ordonnée et les pertes ne sont pas très sensibles.

Devant l'offensive débordante de l'ennemi, nos troupes se replient en bon ordre. Elles cèdent au nombre et reculant toujours, font front valeureusement sans se laisser entamer. Il est à peu près, 14 heures et les sections, formées en tirailleurs, s'avancent méthodiquement sous le feu de l'artillerie ennemie.

Nous arrivons sur le sommet d'une crête où une pluie d'obus nous accueille. C'est un tir de barrage[1]. Des

---

1 Tir barrage, tir d'artillerie effectué en avant des troupes ennemies pour arrêter leur attaque ou leur interdire un débouché. En fonction de leur objectif, les tirs portent des noms différents :
• Le tir de démolition ou de destruction vise la destruction brutale et complète d'un objectif, par un tir fourni et ajusté, avec des projectiles explosifs percutants.

meules de paille et les plis du terrain nous servent d'abri, mais cette situation est intenable. Nous sommes à une cinquantaine de mètres d'une de nos batteries qui a été repérée et qui vient de décamper. Les projectiles percutants, qui explosent lors du contact avec le sol, tombent tout autour de nous. Il faut avancer ou reculer. En fait, il n'y a pas à hésiter, l'ordre est d'arrêter l'ennemi coûte que coûte et nous savons que sous le feu de l'artillerie prussienne, il est dangereux de reculer, car, ils allongent toujours le tir.

Très en confiance, les bataillons allemands franchissent les ponts et les gués, couverts par les lignes de tirailleurs qui gravissent déjà les pentes sud. L'infanterie ennemie occupe le village de Saint-Pierre situé dans la vallée à environ trois kilomètres de nos meules. Le capitaine entraîne sa compagnie qui s'avance par bonds sous le feu terrible des canons adverses placés en nombre sur les collines qui dominent le village. Nous traversons des

---

- Le tir d'écrasement est un tir de démolition de densité particulièrement forte.
- Le tir d'efficacité est un tir sur zone, dense et rapide, effectué immédiatement après le réglage.
- Le tir d'encagement désigne un tir en tenaille (donc produit par au moins deux positions d'artillerie) au plus près de l'ennemi et sur une zone réduite.
- Le tir d'enfilade vise une exposition ou un cheminement sur la plus grande longueur, généralement de flanc.
- Le tir d'interdiction a pour effet d'interdire la circulation en un point de passage alors que toute surveillance est impossible (zone invisible des observateurs, temps de brume ou de nuit).
- Le tir de neutralisation cherche, quand la destruction des organisations ennemies est impossible, à neutraliser le personnel de ces organisations en l'obligeant à demeurer dans les abris et en le démoralisant par la violence du bombardement.

prairies, des champs de betteraves, de blé, de luzerne et bientôt, ce sont les balles ennemies qui sifflent à nos oreilles. Derrière le mur d'une ferme, la compagnie doit s'arrêter en attendant les ordres.

Les obus se croisent au-dessus de nos têtes et nos batteries font du bon travail.

Comme à la bataille de Dinant, nos braves artilleurs, inférieurs en nombre doivent se multiplier, mais ici encore, ils parviennent à tenir tête aux canons ennemis et à en mettre hors d'usage car petit à petit, leur canonnade diminue d'intensité. Nous assistons à ce duel d'artillerie dont les fusants [1] éclatent au-dessus de nous, les projectiles tombent à quelques pas, pendant que les balles s'aplatissent sur le mur qui nous protège.

C'est un moment terrible, nous sommes entre deux feux et de quelque côté que l'on regarde, ce sont des bouches crachant la mitraille et dont les flammes éclairent déjà la nuit qui vient. Notre artillerie a montré sa supériorité et l'ordre arrive de déloger l'ennemi. Baïonnette au canon et sous une pluie de balles, nous pénétrons dans le village. Tous nos régiments s'y retrouvent dans une même poussée formidable et à la faveur de la nuit, l'ennemi se retire, après avoir refusé le corps à corps.

Des abeilles perdues sifflent encore à nos oreilles. Peu à peu le feu cesse. Les Allemands battus se sont repliés. Il

---

1 Fusant : obus qui éclate en l'air, au-dessus des troupes, avant de toucher le sol. Pour cela il est muni à son sommet d'une « fusée » réglée pour déclencher l'explosion de l'obus au bout d'un temps calculé à l'avance. Le fusant est composé d'explosif et de billes de plomb ou d'acier appelées shrapnells.

n'y a pas lieu de poursuivre. Il fait nuit et leurs renforts nous écraseraient. Il fallait arrêter leur marche foudroyante, ce but a été atteint.

Pour nous ce fut un succès puisque les fritz durent repasser l'Oise et battre en retraite vers le nord.

Mince victoire, car les troupes de Guillaume II allaient reprendre leur marche en avant et les troupes françaises effectuer une retraite générale vers le sud où Joffre prévoyait une contre-attaque générale. Victoire capitale tout de même puisque cette bataille fit perdre du temps à Von Bülow sur l'ordre de marche prévu, mais aussi à l'armée de Von Kluck. Un retard qui sera préjudiciable aux Allemands dans l'application du plan Schlieffen[1] lors de la bataille de la Marne qui suivra.

Nous bivouaquons dans le village de Saint-Pierre. Les avant-postes sont placés pour parer à toute contre-attaque de nuit. Les chefs comptent leurs hommes et les rassemblent pendant que les brancardiers emmènent les blessés. Ma section n'a pas trop souffert et les amis répondent tous : « *Présent* ».

On casse une croûte avec une tablette de chocolat : il est défendu d'allumer du feu, car le secteur n'est pas sûr. On s'allonge dans les rues, le sac comme oreiller et le fusil entre les jambes. Je sommeille, la prière aux lèvres, remerciant Dieu d'avoir été épargné.

Le village de Saint-Pierre est déserté, une seule femme assez jeune n'a pas craint la mitraille. C'est peut-être une espionne…

---

[1] Plan Schlieffen : plan général d'attaque allemand de type offensif, contrairement au plan français, le plan XVII, qui est lui, défensif.

Le jour qui se lève, ce 30 août, dissipe bien des appréhensions. Nous ne sommes pas tranquilles dans ces rues obscures où une ruse de l'ennemi pourrait nous surprendre. Des granges bien fournies sont là, mais l'ordre de ne pas s'en servir est formel. Notre sommeil aurait été trop profond sur la paille et l'ordre *« tous debout* ! » trop lent en cas d'alerte. De plus, il fallait éviter les obus inflammables qui en quelques secondes font d'une grange, un immense brasier. Pendant toute la nuit, il y a des ordres donnés à voix basse et des mouvements de troupes auxquels nous ne voyons que du noir. Le matin, il ne reste plus dans le village que notre bataillon, tous les autres régiments s'étant retirés sur d'autres positions.

Les 22e et 24e compagnies se sont dirigées sur la Grande-Cailleuse occupée par l'ennemi, mais elles sont obligées de se replier sur Saint-Pierre, que le régiment reçoit l'ordre de tenir.

V

LA DEUXIÈME BATAILLE DE SAINT-PIERRE

Pendant que le reste du bataillon s'organise un peu en arrière, notre compagnie a pour mission de préparer la défense du village. Pics et pioches sont mis en mouvement ; tables, chaises, charrettes et instruments divers servent à obstruer les passages les plus exposés. Les uns creusent des tranchées pendant que les autres font des créneaux dans les murs. Il y a des hommes jusque dans les greniers occupés à faire de petites brèches d'où ils ont un merveilleux champ de tir. Tout est bientôt prêt.

Ma section est solidement retranchée derrière un long mur où les tireurs, à genoux et debout, attendent que les « boches » veuillent bien se montrer. Cette attente est longue, trop longue même. Le travail de défense a été vite achevé et les hommes sont dans un état de nervosité bien naturel. Huit heures, neuf heures, rien ne bouge.

Le soleil particulièrement brûlant augmente notre impatience. Des roublards, sous prétexte d'un besoin pressant, vont inspecter les caves à la recherche de gnôle et après avoir vidé quelques bonnes bouteilles, n'oublient pas leurs camarades.

Le tuyau est vite connu et discrètement, toujours avec le même prétexte, chacun va faire sa petite tournée qui est des plus fructueuses : Cognac, Malaga, Rhum, Cumel, vieux cidre, etc.

Ce mélange de liqueurs délicieuses et fortes achève d'exciter nos gaillards. Ils se sentent la force d'abattre une demi-douzaine de « boches » chacun. Toutefois, beaucoup s'assoupissent sur place.

Depuis quelques jours, je me sens plus faible. L'appétit est très médiocre et il n'y a guère que le café, les pommes de terre, le pain et le chocolat qui me font plaisir. Cette nourriture n'est pas suffisante pour supporter de telles fatigues et la veille, il m'a fallu rassembler toutes mes forces pour arriver à suivre les autres, et à chaque bond, une dose d'énergie pour ne pas rester couché au sol.

Dès le lever, j'ai la tête vide et suis à mon poste bien peu vaillant. Dans le but de me remonter un peu, j'accepte d'un de mes hommes un quart d'eau-de-vie de la provenance que vous savez. Mais, je ne l'apprécie guère. La chaleur tropicale et cet alcool brûlant dans mon estomac creux hâtent le dénouement de ce malaise. Je tombe évanoui et pour mon grand bonheur, car, si cette faiblesse était arrivée une heure plus tard, je tombais aux mains des Allemands.

On m'amène dans une maison voisine où, étendu sur la paille, je reçois les soins que nécessite mon état. Il n'y a pas de médecin-major et je reste, paraît-il, une heure sans connaissances. Léon est à mes côtés et après m'avoir fait avaler quelques pilules d'opium, il m'éponge la figure et les mains à l'eau froide sans discontinuer jusqu'à ce que je revienne à moi. Enfin, mes yeux s'ouvrent.

Le capitaine, le lieutenant et l'adjudant se sont plusieurs fois inquiétés de mon état. Sans infirmiers, sans brancards ni ambulance, ils sont dans l'impossibilité de me tirer de là et ils ont d'autres préoccupations bien plus sérieuses. En effet, il est temps que je me relève. Les forces manquent, mais je me sens beaucoup mieux. Je rejoins les hommes qui observent attentivement les lignes ennemies, il est peut-être 14 heures.

Depuis quelque temps, des silhouettes de soldats français se détachent à environ un kilomètre de nous. Confiants, nous pensons à une autre compagnie qui tient les boches à distance. Ce qui nous intrigue et nous bouleverse, c'est le recul de ces silhouettes qui deviennent de plus en plus distinctes. Nous n'avons guère le temps de nous éterniser en conjectures, à 600 mètres, ces silhouettes qui ne sont autres que des Allemands font feu sur le village. Une formidable décharge les reçoit et des deux côtés, commence une vive fusillade. Leurs premiers rangs tombent, mais d'autres arrivent en masse. Cette tactique des Allemands pour s'approcher du village avait un double but : attirer notre attention pendant que leurs mitrailleuses faisaient un rapide mouvement pour nous prendre de flanc. Les Allemands, dont les effectifs sont supérieurs aux nôtres, progressent, soutenus par le feu de leur artillerie. Leurs mitrailleuses causent dans nos rangs des pertes sévères. Nous sommes sur le point d'être cernés et notre compagnie forte de 250 hommes ne pourra résister à une force pareille.

Alors que les mitrailleuses claquent, la voix de Lucien, un camarade de classe, résonne dans ma tête :

—» Pan ! Pan ! t'es mort.

—» Nan, suis pas mort!

—» Si, j't'ai touché !

Mais cette fois, ce n'est pas un jeu. Et si, comme tous les gamins j'avais joué à la guerre, à présent, je n'ai plus vraiment envie de jouer.
Bien retranchés, nous tirons toujours. Le bruit des balles se joint aux détonations et aux sifflements des projectiles ennemis qui s'aplatissent sur les murs des maisons. Autour de moi, aucun homme n'est encore tombé.
L'infanterie prussienne s'avance en colonnes épaisses, marchant au combat avec un mépris complet de la mort.
Malgré leurs pertes, les fantassins parviennent jusqu'à 200 mètres de nos positions. Au milieu du vacarme assourdissant de la bataille, nous vivons des instants vraiment tragiques. Que va-t-il se passer ? L'artillerie ne donne pas et aucun renfort n'a l'air de nous parvenir. On se sent isolé et ce sera bientôt la formidable mêlée qui se terminera par notre écrasement. Le capitaine vient encore de répéter qu'aucune défaillance n'est permise et qu'il faut tenir jusqu'à la mort. Les balles ennemies commencent à siffler à droite et à gauche. Nous sommes sur le point d'être cernés. Je ne puis m'empêcher d'évoquer l'atroce, l'odieuse vision que sera ce carnage. Mon unique pensée est à ma femme, mes enfants et je fais le sacrifice de ma vie.
Le capitaine ne bronche pas, il tient ses hommes, ses gradés et surtout l'adjudant qui semble perdre la carte[1]. Il observe calmement l'effet du tir quand arrive l'ordre d'abandonner et de se retirer immédiatement. Nous sommes tombés sur un bec[2]. C'est notre salut. Un coup

---

1 Perdre la carte : perdre le contrôle de soi-même.
2

d'œil sur la carte et il donne aux chefs des sections la marche à suivre avec les ordres de faire vite et sans se disperser. Nous devons nous retirer sur Saint-Gobert, puis sur Houry et le soir, cantonner à la Neuville-Bosmont. Les hommes qui, quelques instants auparavant, avaient juré de vendre cher leur peau sont saisis, à ce moment d'un instinct unanime de conservation. Puisqu'il faut cesser de se battre, il ne s'agit pas de se laisser prendre. C'est alors une fuite précipitée que les chefs sont incapables d'arrêter. Nous sommes vite hors du village. Une trentaine d'hommes dont j'étais, s'engagent dans un grand verger qu'ils traversent au pas de gymnastique.

Quelle épouvantable déception nous attend !

Pas d'issue, une haie, haute de deux mètres, dont le taillis épais et touffu, est consolidée par un quintuple rangé de fil de fer de la grosseur d'un crayon.

Les Allemands ont pénétré dans le village et sont à nos trousses, les balles sifflent à nos oreilles et aucun ne veut sortir du verger pour prendre un autre chemin. Un de nous a une balle dans la cuisse et il veut marcher jusqu'à ce que ses forces l'abandonnent.

— J'ai des cisailles, s'écrie un petit homme tout essoufflé.

Il n'a pas le temps d'en dire plus, on les lui arrache de son sac et les fils de fer sont coupés. La hache achève de pratiquer l'ouverture. C'est une ruée vers ce trou qui n'en accepte qu'un à la fois et une poussée dans le dos fait tomber de l'autre côté ceux qui accrochés ne savent pas s'en tirer. Quel soupir de soulagement de se trouver hors de ce cul-de-sac ! Les premiers sortis sont déjà loin et la course reprend sous le feu des mitrailleuses ennemies.

La tête baissée, on donne tout ce que l'on peut, on enjambe les haies et on saute les fossés. Le moindre obstacle me fait faire un plat ventre, moi qui suis si faible. Les fossés ne sont franchis qu'au prix de suprêmes efforts et non sans bains de pieds.

Des hommes abandonnent les sacs, certains tout l'équipement, pour être allégés et courir plus vite. Ceux-là gagnent du terrain. Aussi longtemps que j'ai senti des camarades autour de moi, j'ai préféré garder mon sac qui est le meilleur pare-balles quand on tourne le dos. Certains qui l'avaient gardé s'en sont félicités quand, le soir, ils y trouvèrent des balles. J'ai vu une boîte de « singe » traversée de part en part. Mieux vaut cette viande-là que la nôtre.

Nous sommes bientôt hors de portée de fusil, mais alors ce sont les shrapnels qui éclatent autour de nous. Une route encaissée nous cache. Nous reprenons haleine, une minute, pas plus. Un obus qui tombe à quelques mètres nous fait reprendre notre course. Encore quinze à dix – huit cents mètres et nous nous arrêtons à la lisière d'un bois. Advienne que pourra. Le souffle manque, les jambes fléchissent. Il nous est impossible de faire un pas de plus. Nous avons tout donné. Il faut essuyer une fusillade ininterrompue et se savoir poursuivi, pour poursuivre un tel effort.

Ah ! Quelles angoisses et que faire ?

Nous nous comptons. Nous sommes dix dont deux blessés, que des camarades plus endurants ont aidés pour qu'ils ne tombent pas aux mains des Prussiens. Nous prenons le parti de pénétrer dans le bois pour échapper à la poursuite possible des Uhlans. Une bonne gorgée de cidre que la température a rendu plus que tiède et nous nous laissons tomber sur le dos, bras en croix, pour reprendre haleine. Nos deux blessés se font panser vivement.

Vingt minutes dans cette situation ! Vingt minutes d'angoisse et d'épouvante. Le bruit de la fusillade ne nous inquiète plus. Seule la crainte d'être faits prisonniers nous affole. Autour de nous rien ne bouge. Un aéroplane ennemi vient aux renseignements : la direction prise par nos troupes. Il faut décamper, c'est l'avis de tous.

Dans les terrains à découvert, nous courons comme des fous et sitôt la crête franchie, nous nous sentons moins en danger alors notre allure se modère. Un cycliste qui nous dépasse dit ce simple mot : « *Silly* ». C'est le village à atteindre au plus vite. Sa mission est de donner cette seule indication aux factions isolées.

Nous rattrapons une charrette pleine de blessés, il n'y a pas de place pour les nôtres et le petit cheval fourbu n'ira plus bien loin.

Dans un petit hameau, nous trouvons une brouette qui fait le bonheur de nos blessés. Enfin, c'est la grande route. Devant nous, des groupes en désordre se hâtent, nous sommes sur la bonne voie.

Quel soulagement !

Une voiture ambulance passe bientôt et ramasse les blessés. Nous retrouvons l'adjudant qui prend le commandement d'une cinquantaine d'hommes de toutes les compagnies. Un paysan est forcé, sous peine de mort, de nous conduire à Silly par le chemin le plus court.

Plus loin, une patrouille de dragons nous croise et nous rassure. Nous relâchons le brave homme.

Des soldats exténués sont couchés en bordure de la route. Le passage en bon ordre de notre troupe leur donne du courage et ils se joignent à nous.

Un camarade s'étonne du sang qui couvre la partie supérieure de mon oreille. Je suis aussi étonné que lui. C'est une sale croûte qu'ont formée, le sang aussi bien que la poussière et les gouttes de sueur, probablement, une éraflure que je me suis faite dans mes chutes ou dans la traversée des bois.

À Silly, pause assez longue qui nous permet de nous remettre un peu. Un quart de jus bien chaud et une croûte de pain dur font mon bonheur. On commence à voir clair dans les unités qui se reforment petit à petit pour rejoindre leurs cantonnements.

Nous assistons à un spectacle unique et terrifiant. Depuis Dinant, un homme suit la division. Il va d'un régiment à l'autre fuyant soi-disant l'invasion. Les fugitifs ont été laissés loin derrière, incapables de suivre. Sa présence au milieu des troupes qui se sont portées à la rencontre de l'ennemi est pour le moins anormale. En effet, en ce qui nous concerne, la retraite a cessé depuis deux jours. Nous nous sommes portés en avant pour arrêter l'ennemi et, à la fin de cette journée, nos positions sont celles de l'avant-veille. Donc, s'il est vraiment fugitif, il devrait être déjà loin. Cette situation semble louche à un officier qui le fait fouiller. On le trouve porteur de cartes d'état-major annotées soigneusement et les renseignements très précis qu'il a déjà notés ne laissent aucun doute sur ses agissements. Il fait des aveux. Les officiers ne peuvent contenir la colère des soldats qui se jettent sur lui et le lardent de coup de poing et de couteau. Pendant que ceux-ci assouvissent leur rage, d'autres réunissent quelques bottes de paille sur lesquelles ils le jetteront tout ensanglanté, pour être brûlé vif. Cette odeur de chair roussie n'attendrit pas certains qui au milieu des vociférations lui envoient quelques pruneaux à bout portant.

C'est un acte de sauvagerie totale, mais à défaut d'excuser ces hommes, il faut les comprendre. Les hommes ne comprenaient pas pourquoi à chaque engagement les boches avaient le dessus. Ajoutons à ces déceptions, un état exceptionnellement nerveux causé par les privations et le surcroît de fatigue et vous comprendrez que cet espion ait payé pour tant d'autres.

Vers 10 heures du soir, nous rentrons à Neuville-Bosmont dans les mêmes cantonnements que l'avant-veille. Des camarades ont porté mon sac sur tout le trajet et comme une loque, je me laisse tomber sur la paille.

À chaque instant, ce sont des retardataires qui arrivent, il m'est impossible de fermer l'œil. La raison en est ma décision prise de choisir une place le plus près possible des issues.

C'est très utile en cas d'alerte ou d'incendie.

Cette troisième bataille est donc terminée.

Ce sont des engagements dont l'histoire ne parlera certainement pas. Le front est bien trop étendu. Mais, avec les dates et une carte complète, on verra plus tard, quel nom donner aux combats auxquels nous avons pris part.

VI

VERS LA VICTOIRE DE LA MARNE

Le repos est de bien courte durée. Vers 1 heure, ce sont des coups précipités sur la porte de la grange avec des :
— Tous debout là-d'dans ; les Prussiens sont là pour vous botter le cul !
On ne fait qu'un bond. Ceux qui sont dans le haut se laissent dégringoler et, dans l'obscurité, c'est une bousculade vers la sortie. Nous sommes vite sur la route. C'est une marche forcée, il faut que, lorsque les éclaireurs prussiens arriveront à Neuville-Bosmont, ils aient perdu notre trace.
Je ne sais ce qui me donne de l'énergie pour supporter de telles souffrances. Les Allemands sont à nos trousses, nous le savons, mais il est des moments si durs qu'on se demande s'il ne vaudrait pas mieux être fait prisonnier.
Après une grande halte faite dans un champ voisin de la gare de Chivres-en-Laonnois, nous entrons dans ce village. Il est peut-être onze heures et deux compagnies sont logées dans une ferme immense. Il fait un temps splendide, le soleil est très chaud. Les hommes se lavent à grande eau et oublient pour l'instant les souffrances des jours précédents.

Est-ce pour cette fois, les quelques journées de repos tant de fois promises ?

Cette ferme spacieuse nous irait à merveille, il y a beaucoup de paille pour nous étendre.

Cet après-midi à Chivres se passe, à dormir dans une prairie et à 18 heures, sac au dos, nous reprenons la route. Cette marche fut la plus dure de toutes celles de cette fameuse retraite.

Le coup de boutoir de la bataille de Guise paraît avoir désorienté le Haut Commandement allemand. L'armée de Von Kluck qui, jusqu'au 30 août, marchait à grandes journées, vers Paris, et était arrivée sur la ligne Amiens-Moreuil-Hangest en Santerre-Roye, fait un crochet, le 31, et se dirige vers Compiègne et Meaux.

Joffre ne sait rien de ce changement de plan. Cependant, dès le 1er septembre, dans son instruction générale, il dessine le cadre de la situation stratégique dans laquelle il compte, bon gré mal gré, et quoi qu'il arrive, enfermer l'adversaire.

Avant tout, un cruel sacrifice s'impose : l'abandon délibéré à l'invasion d'une large zone du territoire national. Il faut, en effet, soustraire l'aile gauche de la 5e armée à l'enveloppement dont Von Kluck la menace et reconquérir sa liberté de manœuvre en gagnant du champ.

On reculera donc, on pivotera à droite sur le point fixe de Verdun et, par une vaste conversion, nos armées seront amenées, s'il le faut, jusque sur la ligne Pont-sur-Yonne/Nogent sur Seine et Arcis-sur-Aube/Bar-le-Duc, ligne sur laquelle les envois des dépôts et les arsenaux permettront la préparation d'une offensive décisive.

Qui voit le piège ?
Tout pas en avant va mettre l'ennemi dans une situation stratégique défavorable. S'il veut attaquer les grands camps retranchés de Paris et de Verdun qui appuient les ailes de la ligne française, il affaiblit son centre et l'expose à une attaque de rupture. S'il néglige ces camps retranchés pour attaquer la ligne française, il expose ses flancs à une double manœuvre enveloppante préparée à l'abri des forteresses.
Trois dispositions rendent possible l'exécution de ce plan :
— Verdun reçoit une garnison qui lui permettra de soutenir un siège ;
— Une 9e armée est créée, formée d'éléments de la 4e armée (9e et 11e corps, les 52e et 60e divisions de réserve, 9e division de cavalerie) et de la 3e armée (42e division). Le général Foch la commandera et viendra l'intercaler entre les 4e et 5e armées, pour fortifier notre centre ;
— Joffre demande et obtient que le camp retranché de Paris soit placé sous son commandement afin que l'unité de direction soit assurée sur ce point décisif.
Paris n'est pas encore en état de se défendre, mais on y travaille avec ardeur. Des milliers de travailleurs s'emploient à creuser des tranchées, à construire des épaulements, à créneler des murs. La garnison, nombreuse, est à pied d'œuvre ou va y être, elle est constituée avec 4 divisions, les 83e, 85e, 86e, 89e et de la 9e division territoriale, la 185e brigade territoriale, la brigade de cavalerie Gillet, les fusiliers marins venus des ports, et la 45e division arrivée d'Algérie.
La 6e armée du général Maunoury est appelée d'Amiens

et doit être renforcée. Cette armée comprend pour le moment le 7e Corps, le groupe de Lamaze (division active et trois divisions de réserve) et le Corps de cavalerie Sordet. Le groupe Ebener (61e, 62e division de réserve) se reconstitue près de Pontoise.

VII

LA RETRAITE

Au début, la retraite ne tourne pas au désastre comme l'ont espéré Von Moltke et les chefs des grandes armées allemandes. Les armées françaises du centre et de l'aile gauche ont subi des pertes importantes, mais le désordre ne s'est pas ajouté à la perte de terrain. Les services de renseignements constatent que les troupes épuisées renforcent leur esprit de résistance en se repliant en bon ordre. En première ligne, il n'est pas question de «*foutre le camp*». Ce n'est pourtant pas l'envie qui manque. Parce que la guerre a soudain pris l'air de vouloir durer, contrairement à ce que tout le monde pensait au début.

Donc, nos armées ont reculé et, après un moment d'étonnement, les Allemands entament la folle poursuite. Tout de même, le Corps de cavalerie de Von Richthofen, qui a reçu l'ordre de se porter sur les arrières de notre armée, hésite à s'engager au milieu de nos colonnes. Il marche mollement et la 5e armée, à la tête de laquelle le général Franchet d'Esperey va succéder au général Lanrezac, se dégage et gagne du champ.

La nuit du 1er septembre est très agitée et féconde en événements imprévus. La marche est très irrégulière avec à chaque instant des arrêts brusques où l'on se casse le nez sur le sac de son vis-à-vis. Les pauses sont fréquentes et très courtes, on se laisse tomber comme des mouches, cinq minutes, même deux minutes par terre et le sommeil l'emporte. Plus tard, pendant une grosse heure, nous restons endormis sur le dos, le fusil entre les jambes. Le signal de départ ne nous émeut guère et il faut toutes les exhortations des chefs et des rares camarades plus vaillants pour se remettre en route. Tous se relèvent, mais c'est dur, il faut s'entraider. Tout autour de nous, il y a ces lumières mystérieuses qui renseignent l'ennemi sur notre fuite et contre lesquelles nous sommes impuissants. Il semble que la route que nous suivons soit la seule bonne et que le moindre écart nous ferait tomber dans la gueule du loup. L'humidité a déjà prise sur nos membres engourdis et c'est avec peine que nous repartons.

C'est un troupeau en désordre, il n'y a plus de sections, ni même de compagnies. Ceux qui ne savent pas suivre donnent tout ce qu'ils peuvent et, au moindre arrêt, ils regagnent un peu de terrain perdu. Les officiers, eux-mêmes éreintés, comprennent notre épuisement. Il n'y a plus de volontaires pour porter mon sac, mais je ne veux pas l'abandonner. À Sissonne, une femme, nous offre des prunes et un peu de pain blanc. C'est tout ce qu'elle peut faire. Il est passé tellement de troupes depuis 24 heures. Une pause assez longue à la gare de Saint-Elme nous permet de rejoindre nos camarades. Beaucoup de traînards peuvent reprendre leur place.

À Saint-Elme, déception, il y a des trains, mais pas pour nous. La marche continue, pénible, c'est un calvaire. Où nous mène-t-on ?

Nous laissons passer les régiments d'artilleurs, les trains régimentaires, les voitures ambulance, les caissons, les fourgons, le ravitaillement, enfin, tout ce qui pourrait devenir la proie de l'ennemi.
Nous traversons bourgs et villages où les habitants restent invisibles. Un rideau qui s'écarte de temps en temps, c'est tout. Ce sont des soldats qui passent et on en a déjà tant vu depuis le début de cette guerre qu'on n'y prête plus attention.
Ah ! Quelle nuit !
Elle serait peut-être vite oubliée, si l'aube voyait la fin de ces misères.
Il est 5 heures. Le jour vient de se lever et la colonne s'engage dans une immense forêt dont les arbres majestueux semblent demander au ciel un peu de pitié pour ces pauvres soldats. Aucun chant d'oiseau pour nous aider un peu, le canon a fait son œuvre aussi en forçant ces pauvres oiseaux à abandonner leur nid. On n'entend rien, rien si ce n'est-ce bruit monotone des pas alourdis qui fauchent le sol. Toujours ce même bruit qui résonne sourdement dans nos têtes malades, vides et capables de rien. Les yeux baissés regardent la terre voilée par un épais nuage de poussière.
Une heure de pause est accordée, quel bonheur !
Chacun se couche avec le sac comme oreiller, mais nouvelle déception, dix minutes sont à peine écoulées qu'il faut se relever pour repartir et la marche continue, pénible. Je suis sur le point d'abandonner, quand on entend le commandant dire au capitaine :
— Il n'y a pas une minute à perdre, les Prussiens sont à une grosse heure derrière nous. Faites brusquer le

mouvement.

—Bien mon commandant !

Je fais un dernier effort, plaignant de tout cœur ceux qui lâchent.

Ils sont assis ou couchés sur le bord de la route et la plupart dorment d'un profond sommeil. Les exhortations des chefs restent sans réponse où c'est un « *J'en peux plus* » qui veut tout dire.

Les ambulances ramènent tout ce qu'elles peuvent, mais elles sont vite remplies. C'est alors, dans toutes les fermes, une chasse aux voitures, charrettes, véhicules de toutes sortes pour y mettre tous les sacs et les hommes malades et éclopés.

Mais ce n'est pas suffisant et il y en a encore qui s'égrènent en route.

Nous arrivons à Guignicourt, où nous passons l'Aisne sur un grand pont formé d'arches superposées, en dessous, c'est le fleuve et au-dessus la ligne de chemin de fer de Laon à Paris. Il était plus que temps, le génie attendait notre passage pour le faire sauter. Je vois très bien les cartouches de dynamite enchâssées dans la pierre et le « boum » formidable est entendu peu de temps après. Je pense aux malheureux traînards qui ont certainement été capturés ou tués par les boches et sans les paroles du commandant, j'aurais pu être du nombre.

Pourquoi n'a-t-on pas averti les troupes que les Allemands étaient à quelques kilomètres?

À mon avis, il y a deux raisons, la première est que, parmi les hommes, il y en a 90 % qui soient par manque d'instruction, soit par indifférence, ignorent tout à fait les contrées qu'ils traversent. Il faut donc leur laisser supposer que ces longues marches sont une manœuvre. La seconde est que, sachant les Allemands si proches, beaucoup préféreraient s'arrêter pour se battre et mourir peut-être, plutôt que d'endurer plus longtemps de telles souffrances.

Nous suivons la grande route de Bery-au-Bac à Reims dont on aperçoit distinctement les tours de la cathédrale. La grande halte, a lieu vers midi sur les bords du canal qui relie l'Aisne à la Marne en passant par Reims. Nous fondons encore un espoir sur cette ville qui sera peut-être notre refuge. La colonne reprend bien la grande route, mais oblique bientôt à gauche. Chaque village que nous traversons n'est jamais le bon.

Enfin, par des chemins tortueux et accidentés, nous arrivons à Merfy, où nous cantonnons. Nous repartons le lendemain avant le jour.

Le lendemain, 2 septembre départ de Merfy à 2 heures. Les dix premiers kilomètres se font bien. Il fait frais et l'on marche assez vaillamment, mais ces quelques heures de repos ne suffisent pas à réparer les fatigues des jours précédents. Nous venons de faire le tour du cadran, sans arrêter avec 65 kilomètres dans les jambes et bientôt, les souffrances recommencent. Le soleil ne nous épargne pas et il semble ne rien vouloir perdre de nos mouvements.

La Champagne est une région charmante et très pittoresque, légèrement accidentée et couverte de petits bois. Les plants de vigne se dessinent nettement sur le versant des collines et les raisins presque mûrs à cette époque le sont assez pour nous désaltérer. Vers 14 heures, nous nous arrêtons à Pourcy, qui est le lieu du

cantonnement.
Avec notre lieutenant nous discutons de la situation :
— Où en est-on mon lieutenant ?
— D'après mes informations, la 5e armée borde la Marne d'Épernay à Château-Thierry. Von Kluck cherche à l'envelopper avec son IXe corps près de Château-Thierry, mais ses IIIe et IIe corps sont encore trop échelonnés respectivement à la Ferté-Milon, à Betz et à Luzarches, à treize kilomètres du camp retranché, il semble vouloir tenter une attaque brusquée sur Paris.
— C'est possible, mon lieutenant ?
— Non, je ne pense pas. Trop tard ! Maunoury couvre déjà la capitale, de Mesnil-Aubry à Dammartin en Goële. Les Tommies[1] de l'armée anglaise bordent la Marne de Lagny à Signy-Signets. Le vide de vingt-cinq kilomètres, qui s'ouvre entre French et Franchet d'Esperey, est masqué par le Corps de cavalerie du général Conneau. De ce côté, la ligne est donc formée. Elle a échappé à l'étreinte ennemie. Elle se soude, à l'abri des rivières.
— Et Foch ?
— Foch a réussi, lui aussi, à grouper les éléments de son armée derrière la Marne, d'Épernay à Châlons, sans être trop vivement pressé par la IIIe armée de Hausen. Langle de Cary, lui, se dégage plus difficilement de la IVe armée du duc de Wurtemberg. Quant à Sarrail, dont l'armée a été affaiblie, d'abord de la 42e division donnée à Foch,

---

[1] Tommy ou Tommies : surnom des soldats britanniques. L'origine du terme fait débat, mais il est attesté dès le XVIIIe siècle sous la forme « Tommy Atkins ». C'est l'équivalent du terme « poilu » pour les Britanniques, avec toutefois des connotations différentes.

puis du 4ᵉ corps, qui va rejoindre Maunoury, il n'a plus que deux corps d'armée, le 5ᵉ et le 6ᵉ et un groupe de divisions de réserve pour enrayer les progrès de la Vᵉ armée allemande du Kronprinz qui pousse nos colonnes avec quatre corps d'élite, tandis qu'avec le Vᵉ corps il tourne ainsi par l'est l'obstacle de Verdun.

Ce jour-là, le corps colonial doit encore à Auve et à Saint-Rémy sur Bussy repousser les avant-gardes allemandes trop hardies.

Malgré la faiblesse numérique de son armée, Sarrail, à qui une note du 2 septembre a donné l'autorisation de se replier jusqu'à Joinville, au sud de Verdun, estime devoir faire tous ses efforts pour assurer jusqu'au bout à notre grande forteresse l'appui de son armée. Dans ce but, il va laisser sa droite fixée au camp retranché, mais, comme, d'autre part, il a l'ordre formel de rester étroitement lié à gauche avec la 4e armée qui reculera vers le sud, il va être obligé, pour concilier ces deux idées, de reculer en pivotant autour de sa droite et en étendant indéfiniment son front vers le sud, au gré du recul de la 4e armée. Le 3, tandis que sa droite est à douze kilomètres au sud de Grandpré, et sa gauche, collée à de Langle, il a reculé de vingt-cinq kilomètres dans la direction de Revigny.

Opération effroyablement difficile, l'immense ligne de nos armées, ligne de plusieurs centaines de kilomètres, recule donc, marchant et se battant jour et nuit, sans sommeil, souvent sans ravitaillement. De son G.Q.G., qu'il va transporter de Vitry-le-François à Bar-sur-Aube, Joffre, le généralissime responsable, dirige la manœuvre avec une force d'âme, une maîtrise, et un calme imperturbable.

C'est à ces qualités vraiment extraordinaires qui ne se sont peut-être jamais rencontrées à un pareil degré chez un homme de guerre que l'on doit certainement le soin, la clarté, la précision, le fini avec lesquelles les instructions furent données à tout le monde en temps voulu. C'est par elles que toute imprudence fut évitée, que la bataille d'arrêt n'éclata que le jour où Joffre estima qu'il avait quatre-vingt-dix chances sur cent de la gagner. Par elles, enfin, la coordination fut la plus parfaite entre les armées.

Dans la matinée du 3, la situation, encore si peu claire, va se modifier d'une manière si profonde dans le courant de la journée que la décision jaillira. Paris est dans la fièvre. Le gouvernement a quitté la capitale, la veille au soir, se rendant à Bordeaux. Il ne reste à Paris qu'un seul homme, une énergie, une flamme : Gallieni. En retraite, il reprend du service et reçoit l'ordre de défendre la capitale.

Nos avions, dont le vrombissement remplit l'air, surveillent attentivement la marche de l'ennemi dont les avant-gardes sont en vue du fort de Domont, un des éléments de défense de la capitale, dans la matinée. C'est le branle-bas de combat.

Cependant, l'attaque attendue de minute en minute ne se produit pas, et le 3 au soir le doute n'est plus permis. Creil et Senlis sont en feu, mais il n'y a plus, dès 15 heures, aucune force importante au nord de Paris. À la tombée de la nuit, une colonne longue de seize kilomètres a été vue entre Nanteuil-le-Haudouin et Lizy sur Ourcq, se hâtant vers le sud-est.

Tout de suite, Gallieni, qui n'a encore reçu aucune instruction de Joffre, a l'intuition de la manœuvre à réaliser. Sans perdre une minute, il informe le généralissime de ce qu'ont vu ses aviateurs et lui demande l'autorisation de lancer l'armée Maunoury dans le flanc de cette armée allemande qui défile si imprudemment devant lui.[1]

Ce jour-là, pour nous aussi tout change. Le départ de Pourcy est donné à 2 heures. Nous préférons cela, car il fait assez chaud dans la journée. Ce que nous l'avons maudit des fois ce soleil qui est pourtant bienfaisant !

Exténué, je fais l'étape en voiture. J'ai obtenu du Major un bon d'éclopé. C'est une des bonnes journées de retrait où je passe mon temps avec les autres à manger, fumer, boire et dormir. Nous descendons seulement de voiture dans les grandes côtes pour ménager le cheval. Nous passons à Hautvillers puis à Épernay. Quelle joie de revoir une ville !

Les habitants nous accueillent très bien et ne se doutent pas que le lendemain, les Prussiens vont les terroriser et vider leurs caves.

Nous trouvons de quoi nous approvisionner en chocolat, vin, biscuits et nous en mettons le plus possible dans la voiture pour les camarades de la section. Vin, sardines et pâtés de foie font oublier bien des misères.

Vers une heure, nous sommes à Brugny-Vaudancourt et la journée se termine comme elle a commencé, c'est-à-

---

[1] L'observation du mouvement de Von Kluck vers le sud-est est souvent attribuée à l'aviation, il ne faut pas oublier que les premiers comptes rendus de ce changement d'orientation furent émis par l'armée traditionnelle des reconnaissances : la cavalerie. Un détail méconnu, rarement signalé, et relevé dans l'historique du 5e régiment de chasseurs à cheval par le comte Arnauld Doria.

dire, on ne peut mieux et notre compagnie a la chance d'être logée dans les dépendances d'un magnifique château, réservé aux officiers.

Rien ne manque à notre bonheur : grenier bien rempli de paille, beau lavoir, parc splendide, étang où même certains purent se baigner. J'en profite pour laver tout mon linge qui sèche vite au soleil, inutile de dire qu'il en avait besoin.

Le soir, on m'apporte ma gamelle, un beefsteak sur des pommes passées dans la graisse.

Quel luxe !

Nous mangeons le plus lentement possible et en silence pour apprécier au maximum. On ignore quand sera le prochain. Mais c'est plus fort que, nous, avant même la dernière bouchée, Dupureur demande :

— Comment ça se présente pour nous, mon lieutenant ?

— Sur le plan général, tout semble prêt. Bien que French hésite, car il ne croit pas l'armée anglaise encore en état d'affronter la bataille, Joffre a décidé d'arrêter la retraite. Il veut lancer toutes les armées à l'attaque, le 6 au matin.

L'ordre de l'offensive générale sera expédié le 5 septembre, à 5 heures.

Cet ordre prévoit une attaque enveloppante de la 6e armée, partant de l'Ourcq, en direction de Château-Thierry. L'armée anglaise et notre armée, la 5e, appuieront cette attaque. L'armée Foch couvrira la droite de la 5e armée.

Dans la journée, des instructions aux armées de droite complètent ces dispositions. La 4e armée doit tenir tête à l'ennemi en se liant étroitement à la 3e armée qui attaquera le flanc gauche des armées allemandes face à l'ouest.

Nous aurions bien voulu rester plus longtemps à Brugny. Il nous semblait que ce château était notre propriété. Les « patrons » n'y étaient pas et la présence des officiers ne nous gênait guère.

Certains grognèrent. Il faut avouer qu'en temps de guerre, pour le simple homme de troupe, les officiers ne sont pas appréciés. À quelques exceptions près, ceux qui, proches de nous, nous mènent avec un doigté merveilleux, on ne les aime pas. Leur tâche, certes, n'est pas toujours facile et il leur faut souvent supporter des menaces et des jurons à leur adresse et garder une contenance digne, parfois même avoir le sourire aux lèvres. C'est une ironie de dire qu'ils sont des pères pour leurs enfants, nos lieutenants ont tout au plus vingt-deux, vingt-trois ans. Ce sont plutôt des amis qui au moment du combat redeviennent des supérieurs.

Mon adjudant n'est pas aimé, c'est un vrai « chien de quartier » qui aboie sans cesse. Je n'insiste pas. Je dirai seulement que, devant l'ennemi, il baisse les oreilles et la queue. Quant aux généraux de brigade et de division, on ne les aime pas non plus. Bien souvent postés à l'ombre de grands arbres, d'un mur ou d'une maison, ils nous regardent passer et impassibles, ils n'ont jamais une parole d'encouragement pour leurs « pauvres soldats exténués » qui souffrent sous le poids du sac.

Ceux-là méritent les épithètes entendues que je passe sous silence, mais le général Mangin nous aurait fait passer à travers le feu.

Je fais une partie de cette étape dans « ma fourragère »

étant encore bien faible. Nous prenons des chemins, et même des sentiers. Nous coupons souvent à travers champs et les pauvres chevaux ont beaucoup de difficulté à s'en sortir. Des essieux se brisent et les voitures sont abandonnées après que leur chargement a été réparti sur d'autres. Des chevaux fourbus sont dételés et laissés en liberté. On les voit immobiles, les quatre pattes raides et fichées en terre, la tête pendante, ils attendent la mort. La plupart du temps, une balle de revolver dans la tête vient mettre un terme à leurs souffrances et c'est pour eux une mort moins douloureuse. D'autres marchent la tête basse, les flancs creux. Ils ne boivent plus, ne mangent plus. On ne les desselle plus dans la crainte de découvrir sous la couverture les blessures profondes que l'on sait. Elles sont terribles ces blessures, certaines déjà exhalent une odeur intolérable. Nos pauvres chevaux sont une infection qui passe. La division empoisonne, elle pue le charnier.

À midi, nous atteignons Villevenard et c'est dans ce village que nous cantonnons. L'après-midi se passe comme les autres avec des occupations diverses dont la soupe le soir est la récompense.

Dans l'après-midi, l'armée de Maunoury se déplace vers l'est, pour gagner l'Ourcq, d'où elle doit partir à l'attaque le lendemain, quand elle se heurte au IVe corps de réserve allemand retranché sur les hauteurs de Neufmoutiers, de Monthyon et de Saint-Soupplets, où Von Kluck l'avait placé en flanc-garde.

La 55e division à droite, la 56e au centre et le 7e corps à gauche se jettent en avant.

Nous, nous sommes à peine endormis qu'il nous faut

partir. Il est 11 heures du soir.
Un départ à cette heure n'est pas l'indice d'une marche promenade. Les hommes ne paraissent pas très satisfaits de cette nouvelle alerte, mais cette fois encore, c'est par les sentiments qu'on leur rend bonne humeur et courage.

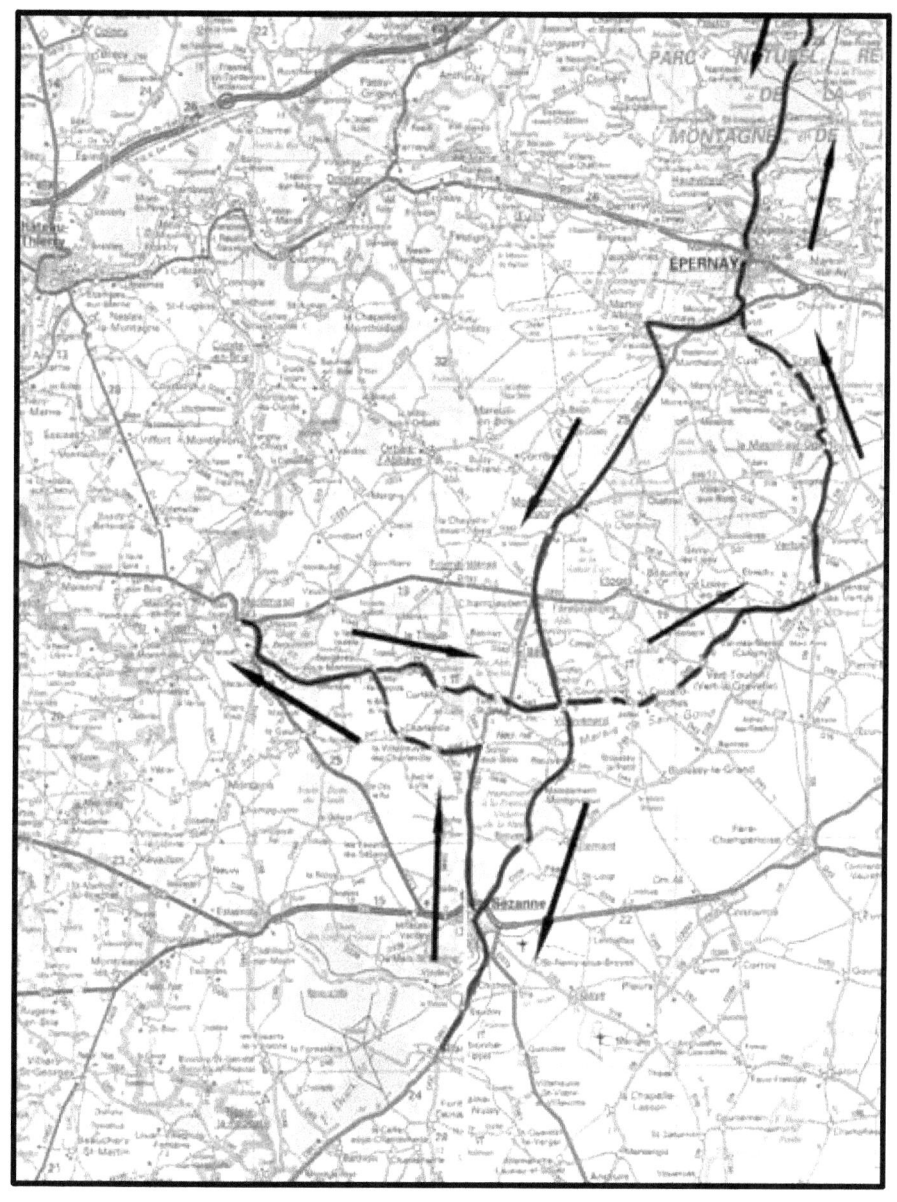

Trajet parcouru par mon escouade dans la Marne

En effet, chaque fois qu'est prévue la moindre déception qui pourrait accroître le découragement des hommes, chaque fois dis-je, une nouvelle sensationnelle parcourt les rangs. Ce jour-là, on nous dit que l'avant-garde prussienne, forte de 60 000 hommes a été coupée et taillée en pièces... Bons enfants, nous nous laissons prendre à ces « canards [1] » et, commentant les événements, nous marchons plus lestement.

Il peut être 6 heures, quand la division passe à Sézanne. Beaucoup de maisons sont fermées ou incendiées et il est difficile de se ravitailler. Les boulangers n'ont déjà plus de pain et les habitants très anxieux se demandent s'il ne vaut pas mieux s'en aller plus loin. Il est passé tant de troupes depuis 48 heures et le son du canon est de plus en plus distinct et fréquent.

Vers 11 heures, nous arrivons à Barbonne où nous cantonnons. Il y a une revue d'armes, distribution de vivres et de cartouches. Chaque homme doit en avoir un nombre déterminé et je vous assure que les cartouchières ne suffisent pas. Il faut en mettre dans les poches.

Les malades et les éclopés sont évacués et les nombreuses voitures que nous avons réquisitionnées depuis plusieurs jours sont laissées aux soins du maire de la commune qui doit pourvoir à l'entretien et à la nourriture des chevaux.

Ce pays est moins accidenté et ce ne sont plus des forêts à perte de vue. Les bois sont moins touffus et beaucoup plus clairsemés.

Un homme de ma section avait négligé de décharger son

---

1 Canard : fausse nouvelle lancée dans la presse pour le public.

fusil. En le nettoyant, le coup part et la balle lui traverse le pied. C'est une blessure assez grave due à la négligence. Il s'est blessé par sa faute, mais il aurait pu tuer un et même plusieurs camarades. Le sang froid est une vertu. Il est arrivé que des hommes en sentinelle aux avant-postes tirent sur des Français parce qu'ils n'étaient pas maîtres d'eux-mêmes. Des hommes ont été blessés par balle ou par des éclats d'obus pour s'être servis du premier abri venu, alors qu'en réfléchissant peu, ils auraient pu choisir un lieu plus sûr et bien garanti. Des éclaireurs pour un coup de fusil malheureux ont renseigné l'ennemi au lieu de renseigner leurs chefs. Des chefs de section, adjudants, sergents, officiers même, perdent parfois la tête et donnent des commandements qui ne ressemblent à rien.

Quand passe un officier supérieur ou un général, certains gradés ne se possèdent plus et voulant trop bien faire, font des bêtises. J'ai vu des hommes prétendre avoir été atteints alors qu'ils n'avaient rien du tout. C'est la peur qui non seulement leur fait perdre la tête, mais leur donne aussi des douleurs imaginaires.

Je comprends que l'on soit impressionné à la première bataille et je l'ai été pour ma part, mais pas au point, comme certains de « faire dans mes culottes ». Beaucoup, j'en suis persuadé, ont eu leur petite colique. Peu eurent le temps de se rendre aux feuillées[1]. On s'habitue à la fusillade et, quand arrive le jour du « baptême du feu », il

---

[1] Feuillées : latrines de campagne creusées dans la terre, un peu à l'écart des tranchées principales. Les soldats s'y rendent pour « poser culotte », selon l'expression employée à cette époque.

y a longtemps que le bruit du canon et des mitrailleuses nous est familier. C'est comme l'orage qu'on entend gronder dans le lointain et dont les roulements de plus en plus sourds deviennent bientôt des coups formidables d'où éclate la foudre qui vous terrifie. Mais, les obus sont plus terribles que la foudre et surtout beaucoup plus nombreux.

Barbonne voit la fin de cette fameuse retraite qui aurait pu tourner au désordre, si elle n'avait été bien menée. Cependant, l'aube de la victoire commence à se lever, le succès va passer du côté de nos armes. Il se prépare un coup[1] pour ces jours-ci.

---

1 Coup : dans l'argot des combattants, désigne une grande opération offensive prévue, différent du coup de main : opération restreinte et le plus souvent nocturne dans les premières lignes adverses, destinée avant tout à faire des prisonniers.

VIII

LA BATAILLE DE LA MARNE
(6 au 13 septembre 1914)

Le mouvement de repli terminé, le général Joffre, voyant l'ennemi engagé entre nos deux forteresses, prend le parti de passer aussitôt à l'offensive. Tous les hommes sont en alerte.
— C'est pour quand, mon lieutenant ?, lui demande-t-on.
— Je l'ignore encore. Mais ne vous inquiétez pas, on ne fera pas ça sans vous !, dit-il avec un grand sourire.
— Comment ça va se passer, mon lieutenant ?
— Le plan est simple. L'aile gauche avec la 6e armée, l'armée anglaise, le corps de cavalerie, nous la 5e armée et l'aile droite composée de la 3e armée, auront pour mission d'envelopper les deux ailes de l'ennemi. Le centre, avec les 9e et 4e armées, devra résister à outrance à tous les assauts.
— Et ceux d'en face, mon lieutenant ?
— Si j'ai bien compris la manœuvre, les Allemands ont dû attribuer notre rapide recul à notre démoralisation complète. Donc, ils devraient en profiter pour s'enfoncer à marche forcée dans le couloir entre Paris et l'Ornain. Leur plan est encore plus simple. Moltke va « bourrer » droit devant et enfoncer tout ce qu'il rencontrera.

En fait, sept armées marchent contre les colonnes ennemies et notre division, qui renforce la 5e armée commandée par le général Franchet d'Esperey, bouscule l'ennemi au-delà du Grand-Morin et de la Marne.

Franchet d'Esperey lance ses corps d'armée à l'attaque contre l'ennemi : les IIIe et le IXe corps de Von Kluck retranchés sur des positions dominantes. De Maud'Huy, à la tête du 18e corps, traverse en trombe Villiers-Saint-Georges, Montceaux, et refoule le IIIe corps allemand de Sancy.

Le 3e corps, dont les divisions sont conduites par Mangin et par Pétain, enlève Escardes et Courgivaux au IXe corps allemand qui reflue jusqu'au Grand-Morin.

Deligny, à la tête du 1er corps, chasse l'ennemi de Châtillon formidablement organisé, et parvient jusqu'aux abords d'Esternay, malgré l'extrême fatigue des troupes.

En même temps, Defforges, dont le 10e corps combat en liaison étroite avec la 42e division de l'armée Foch, soutient une lutte acharnée et disproportionnée contre le Xe corps de réserve et le VIIe corps de l'armée de Bülow, qui sont disposés en profondeur jusqu'à Montmirail.

Le 6 septembre, l'heure est grave, il s'agit du salut de la patrie. Reculer est un crime. Aucune défaillance ne sera tolérée ; il faut vaincre ou mourir, tel est l'ordre du jour du général en chef.

Lettre du général Joffre aux armées :
Le 6 septembre 1914
« *Au moment où s'engage une bataille dont dépend le sort du pays, il importe de rappeler à tous que le moment*

n'est plus de regarder en arrière ; tous les efforts doivent être employés à attaquer et refouler l'ennemi.
Une troupe qui ne peut plus avancer devra, coûte que coûte garder le terrain conquis et se faire tuer sur place, plutôt que de reculer.
Dans les circonstances actuelles, aucune défaillance ne peut être tolérée. »
6 septembre 1914
Le général commandant en chef
Joffre

Le jour même, le régiment se porte dans les bois à l'est de la route Sézanne-Broyes, prêt à poursuivre vers le nord ;
Il est 5 heures, les hommes sont alignés sur la route, le capitaine passe une inspection rapide. Les armes sont en bon état et chacun a son nombre de cartouches.
Les bottines ont été réparées, les biscuits et les vivres de réserve sont dans les sacs.
Nous reprenons la route de la veille, mais en sens inverse jusqu'à Sézanne, dont les habitants restent sceptiques sur l'issue de la lutte qui est engagée depuis le matin. Ils sont dans le voisinage des obus et ne peuvent se rendre compte qui « des adversaires » a l'avantage. Cependant, ce retour des troupes françaises doit leur donner espoir.
À la sortie de Sézanne, nous, de la 51e division, prenons nos formations de combat et nous engageons dans une région assez boisée à travers champs et bois, vers Soizy-aux-Bois.
La progression est très difficile, car la température est toujours aussi élevée, nous atteignons la Villeneuve-les-

Charleville. Le 243ᵉ lui, reçoit l'ordre de se porter sur la crête face à Corfelix. Il essuie un feu violent de l'artillerie ennemie qui lui occasionne quelques pertes. Il est obligé de se replier en deçà de la crête, où il bivouaque.

La Villeneuve-les-Charleville, perdue le matin à 8 heures, au cours d'une furieuse offensive allemande, est reprise à 9 heures, reperdue vers midi et finalement reprise par les nôtres à la baïonnette très tard dans la nuit. Les Allemands déconcertés par l'assaut général qu'ils n'avaient pas prévu, reprennent bientôt contenance et s'évertuent à rompre nos lignes.

Ils doivent subir l'attaque furieuse des Français et c'est une bataille mémorable qui s'ensuit. J'évalue à 900 000, le nombre des nôtres, les Prussiens devaient être environ 1 300 000.

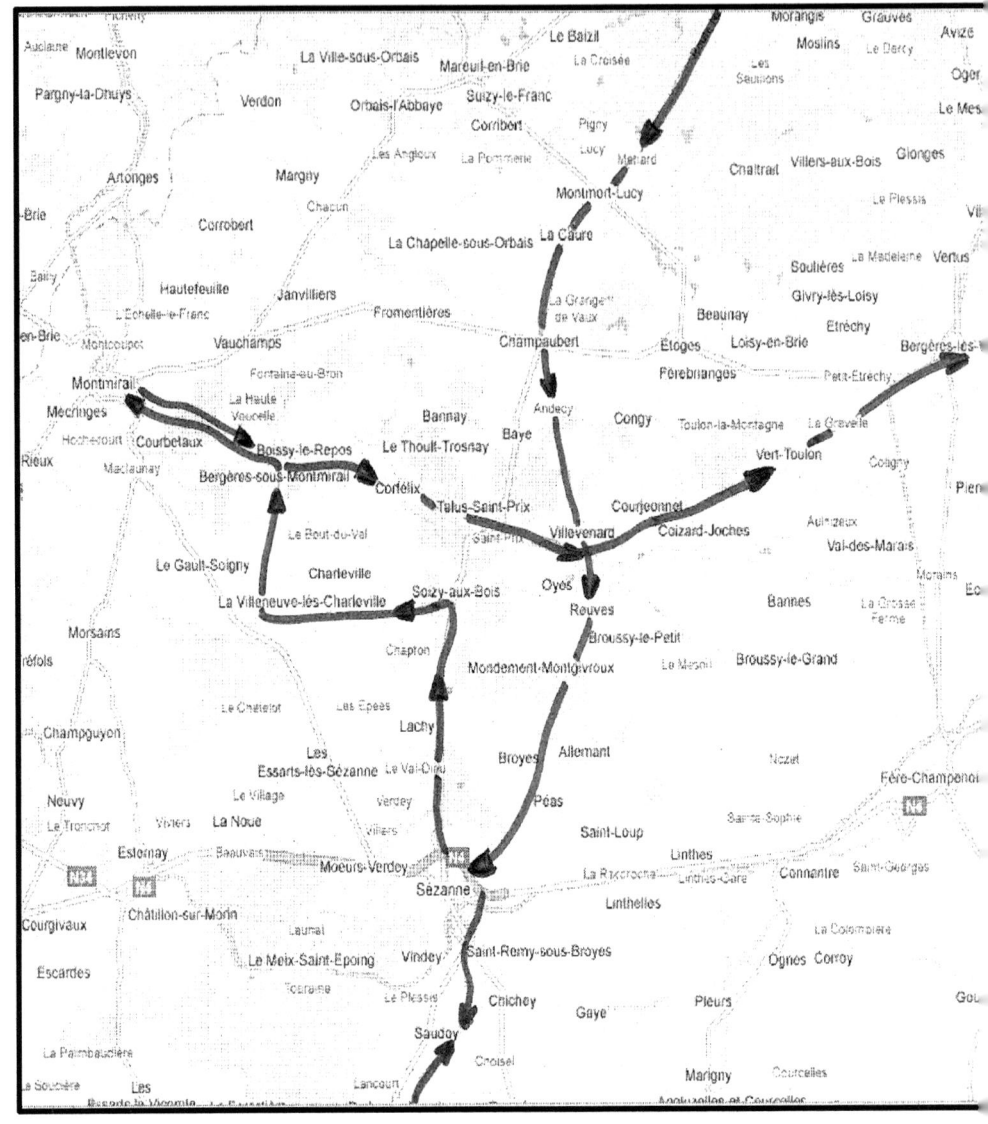

Notre zone de combat lors de la bataille de la Marne.

Nous avançons en colonnes sous le feu de l'artillerie ennemie et la nuit vient terminer cette première journée de la bataille, sans trop de pertes pour le régiment qui attend son tour pour remplacer en première ligne les unités par trop décimées.

Il n'est pas question de chercher un cantonnement et toutes les troupes bivouaquent sur place en formation de bataille. Il est interdit d'allumer des feux et le repas consiste en une croûte de pain et un peu de « singe », sur la recommandation du capitaine qui nous demande de ménager les vivres. Ceux qui fument doivent prendre toutes les précautions pour allumer et cacher le feu de la cigarette. Précautions surannées direz-vous, mais non, le simple feu d'une cigarette peut-être vu à deux, trois kilomètres, à la jumelle, bien entendu.

À cette époque de l'année, les nuits sont très fraîches et c'est dur de coucher sur le sol sans couverture. On ne dort pas parce qu'il fait froid, et aussi parce que, de temps à autre, un obus éclate au-dessus de nos têtes. On n'est pas tranquille, l'ennemi a reculé, c'est vrai, mais, il est si fort et si puissant, qu'une contre-attaque de nuit pourrait bien nous surprendre. Nous sommes au milieu de la tourmente.

Que nous réserve le lendemain ?

Certes, on a la frousse, mais on la domine, du courage, nous en avons tous assez pour bien nous battre et pour bien mourir, s'il le faut.

Le lendemain, le 7, le jour est à peine levé que nous poursuivons notre marche agressive. Des détonations très proches nous font tressaillir. L'ennemi serait-il si près qu'il faille l'urgence des coups de fusil ? J'obtiens vite l'explication de ces coups de feu. Un cabot¹ et six hommes du 327ᵉ d'infanterie étaient de garde aux avant-postes pendant la nuit quand un obus vint tomber et éclater près d'eux. Volontairement ou non, ils firent demi-tour pour se placer une centaine de mètres en arrière. C'est une bêtise, car, en terrain découvert, on n'est nulle part à l'abri des shrapnels. C'est certainement la peur et le manque de sang-froid du caporal qui les firent reculer. Par malheur pour eux, le général de division faisait à ce moment-là une tournée d'inspection et ce fait lui fut rapporté : « *Aucune défaillance ne peut être tolérée* », avait dit le généralissime. C'en était une, un abandon de poste devant l'ennemi, c'est un crime. Au petit jour, ils sont alignés devant une meule, et furent tous les sept fusillés, sans passer par le conseil de guerre². Il paraît que les hommes de leur compagnie qui formaient le peloton d'exécution pleuraient comme des enfants et tremblaient au point de ne plus savoir mettre en joue. Un ordre, c'est un ordre et il fallait un exemple. Ces malheureux ont payé de leur vie une seconde d'irréflexion. C'est triste, quand même, les familles

---

1 Cabot : en argot des combattants le terme désigne familièrement un caporal.
2 Conseil de guerre : tribunal militaire prévu par le code de justice militaire de 1857, destiné à juger les crimes et délits commis par les militaires. Il est formé de cinq juges, tous officiers et les séances, publiques durent généralement moins d'une journée. Il existe des conseils de guerre d'armée, de corps d'armée, de division et de place. Au début de la guerre, sont mis en place des conseils de guerre spéciaux improprement nommés « cours martiales », qui sont des tribunaux militaires exceptionnels.

apprendront qu'ils ont été portés disparus le 7 septembre. Les Prussiens repoussés de Lachy et des Essarts reculent sur toute la ligne. Nous faisons ployer sous notre choc et sous notre effort leurs masses qui pourtant possèdent l'avantage du nombre. Des blessés commencent à revenir vers l'arrière et les brancardiers ont fort à faire. En aidant les blessés, ils ramassent les casques, les sacs, les baïonnettes abandonnées par l'ennemi.

J'ai le plaisir de voir le premier convoi de prisonniers Allemands précédés et suivis de chasseurs à cheval, sabre au clair et encadrés de fantassins baïonnettes au canon, ils sont Kaputt[1]. On les parque pour la nuit dans une grande ferme en attendant de les embarquer. Une grande fatigue se lit sur leurs visages blêmes. Ils sont blonds pour la plupart, il y a des jeunes imberbes et le regard arrogant. Les plus âgés portent presque tous la barbe d'un noir roux ou d'un blond roux, mais, le plus souvent, elle est tout à fait rousse. Ils ont des casques à pointe, des casques à plateforme ou des calottes genre coiffure d'avocat ou de juge. Tous portent le Feldgrau.

Le 8 septembre, après une nuit sur le dur, nous nous relevons transis, éreintés, mais sachant qu'il faut aller de l'avant, nous sommes plus gaillards. La veille, des hommes du dépôt sont arrivés pour boucher les trous. Il pouvait y en avoir 500 pour le régiment. Les obus pleuvent de tous les côtés et je vous assure qu'ils ne sont pas fiers, eux qui arrivent directement de Limoges pour

---

1 Kaputt : adjectif allemand qui signifie cassé, abîmé, ou, plus familièrement, foutu. Employé par les combattants français souvent de manière moqueuse à l'adresse des ennemis.

s'enfoncer dans le gouffre. Ils nous pressent de questions et je les comprends. À un bleuet[1] de la classe 14[2], j'explique ce qu'est une bataille. Il ne faut jamais perdre la carte et, avant tout, garder son sang-froid. Les balles vont et viennent entre les lignes, à force de les entendre, on parvient à les distinguer, il y a celles qui filent droit et sifflent follement, celles qui creusent le sol et s'enfoncent, celles qui claquent comme un fouet en s'enfonçant dans un arbre ou dans un débris de bois, celles qui ricochent et dont le sifflement est plus lent, enfin, celles qui éclatent comme un petit obus. Dans les corps à corps, il faut frapper le premier et être sans pitié. Quant aux obus, c'est au petit bonheur la chance. Le premier danger est le Shell-shock[3]. L'autre, ce sont les obus qui éclatent au-dessus de vos têtes, et font un trou béant à quelques mètres de vous. Parfois, même, ils sifflent à vos oreilles comme des grosses balles, avec des

---

1 Sur le front se côtoyaient plusieurs générations de soldats, chacun ayant plus ou moins d'ancienneté, il y a donc différents noms pour les distinguer :

Bleuet : jeune recrue, la « bleusaille », les « bleus » : soldats ayant peu d'ancienneté au front, n'ayant pas ou peu vu le feu. (Origine de cette appellation : les soldats autrefois arrivaient souvent à la caserne en blouse bleue),

Les Poilus : soldats ayant plusieurs mois d'état de service.

Les Pépères ou vétérans, soldats ayant un long état de service. Le terme désigne aussi les soldats territoriaux : les plus âgés.

2 Classe 14 : terme de l'administration militaire passé dans le langage courant et qui désigne l'année prévue d'incorporation d'un homme appelé sous les drapeaux. La classe 15 est ainsi formée des hommes nés en 1895.

3 Shell-shock : littéralement le "choc de l'obus"; nom donné par les Anglo-Saxons aux affections psychologiques consécutives à l'expérience du bombardement.

miaulements bizarres, aigus, plaintifs, bourdonnants, s'abattant parfois en pluie de fer. D'autres éclatent projetant dans l'air des milliers de fragments, et sont à l'origine d'un grand nombre de morts et de blessés parmi nous. C'est en calculant la vitesse acquise par le sifflement qu'on peut dire si l'obus va éclater et tomber près de vous ou filer plus loin. Il faut observer si les coups de canon sont des arrivées ou des départs[1]. C'est en forgeant qu'on devient forgeron, à la guerre, c'est la même chose.

Devant la 5e armée, la lutte a repris, dès 3 heures, à la lueur indécise du petit jour. Le 3e corps pousse jusqu'à Rieux et De Maud'Huy, franchissant le Petit-Morin, enlève Marchais. Franchet d'Esperey, qui a assisté à cette brillante opération, installe son poste de commandement à l'observatoire même d'où Napoléon avait, en 1814, dirigé la bataille de Montmirail.

Deligny est arrêté devant Bergères, mais Defforges a apporté à la 42e division de l'armée Foch un appui décisif en progressant vers Bannay et en poussant ses éclaireurs jusqu'au Thoult.

La bataille continue vers Soisy-aux-Bois, La Villeneuve, Charleville et la division reste en seconde ligne derrière le 6e corps, auquel elle est attachée. La journée se passe en marches à travers les labourés, toujours en formation

---

1 Départ : le terme « départ » désigne fréquemment dans les témoignages contemporains le coup de départ d'un obus, dont le son signale pour les combattants aguerris, la provenance et le délai du danger à venir lorsque les « départs » sont ennemis.

de bataille et sous le feu de la mitraille. Le soir, Franchet d'Esperey transporte, de Romilly à Villiers-Saint-Georges, le quartier général de la 5e armée.

Nous passons la nuit à la belle étoile, couchés sur le bord de la route. C'est surtout l'humidité qui empêche de dormir, et bien souvent, il faut se lever pour remuer un peu ses membres transis et engourdis.

Ce 8 au soir, la bataille est arrivée à un point mort.

Le 9 septembre, l'heure de la victoire a sonné pour la 5e armée et pour l'armée anglaise. Les jours suivants les Allemands quittent Villevenard, Coizard, Vert-la-Montagne, Auluizeux, Aulnay, Mareuil-sur-Ory, Avize, Épernay, Villiers-Allerand, Rilly-la-Montagne.

Averti dès l'aube par ses avions que les colonnes allemandes sont en retraite, Franchet d'Esperey a tout de suite poussé ses lignes en avant, et ces villes tombent en notre pouvoir.

Montmirail est aussi évacuée par l'ennemi.

Nous avons la sensation de prendre une fameuse revanche. La retraite des Allemands est générale. Dans leur hâte d'échapper à nos troupes victorieuses, ils sèment la route de traînards et de matériel. Ils n'offrent plus qu'une faible résistance et nous les poursuivons sans pitié. Harassé, par trois semaines de marches et de combats fréquents, je ne suis plus en état se suivre. Depuis quelques jours déjà, les forces me manquent et je suis laissé sur le bord de la route en attendant le major.

Dans une ferme déserte, on trouve un tombereau et un vieux cheval. Nous y montons à sept. C'est tout ce qu'il

peut contenir.
La canonnade est toujours très forte, mais nous suivons le train de combat qui est moins exposé. Pourtant, à un certain moment, nous sommes obligés de nous réfugier sous le véhicule, une batterie ennemie nous ayant repérés. Cette situation ne dure que quelques minutes, car les canons ennemis sont vite réduits au silence. Plus loin, c'est un Taube[1] qui nous survole et deux bombes tombent dans un champ à quelques mètres de nous, sans causer aucun dégât.
La nuit venue, le train de combat s'arrête sur la route et nous nous couchons côte à côte dans une prairie, sous un arbre pour être un peu à l'abri en cas de pluie. Nous sommes réveillés en sursaut par une fusillade. C'est une compagnie allemande qui s'était réfugiée dans un bois. Cernée, elle brûle ses dernières cartouches avant de se rendre. Nous nous recouchons.
Depuis 4 jours, le ravitaillement a perdu notre trace et je sais ce que c'est que de souffrir de la faim. Nos vivres de réserve sont épuisés et nous n'avons plus rien à manger ! Nous en sommes réduits à mendier du pain aux artilleurs qui passent. Beaucoup n'en ont pas et les morceaux que l'on peut attraper sont à moitié moisis. Quand, avec son

---

1Taube : avion allemand à ailes et queue de pigeon avec un système inédit de gauchissement des ailes employé dès 1912 à des fins militaires. Le Taube fut fabriqué par dix constructeurs en Allemagne et en Autriche. Ce modèle de 1914 a un moteur Daimler-Mercedes refroidi par eau.
Au début de la guerre tous les aéroplanes allemands étaient qualifiés de Taube en raison de la silhouette de l'appareil vu du sol. Le terme prévalait sur celui d'avion.

canif, on a retiré la mie verte, il ne reste plus grand-chose à se mettre sous la dent. Avec cela, rien, à part des pommes à cidre qui sont détestables. Certains mangent des betteraves.

Les fermes et maisons inhabitées sont visitées du haut en bas, mais il ne reste rien. Dans une cave, nous trouvons quelques bouteilles de vin que nous faisons chauffer, mais cela n'est pas un plat consistant.

Un jour, un homme a réussi à s'emparer d'une maigre poule et nous sommes à douze à lui en réclamer un morceau. Une autre fois, le lieutenant trouve dans une masure un petit cochon. Il faut faire soixante parts. J'ai laissé la mienne, le cochon bouilli, c'est détestable.

Certains cueillent des haricots qu'ils mangent à moitié cuits.

Ah ! Comme un œuf ou une tablette de chocolat serait appréciée…

Le 10, le feu a cessé et les Prussiens battus se sont repliés. Nous avançons toujours et de mon tombereau, je puis juger de l'horrible aspect des champs de bataille. Quel triste et lamentable spectacle !

Des cadavres jonchent le sol, le visage noirci par les terribles douleurs de l'agonie.

En tas de vingt, trente ou quarante, ils attendent, que la fosse soit prête, pour y être enterrés. Des gendarmes à cheval vont d'un corps à l'autre pour recueillir les plaques d'identité. Ici, un bras et là une jambe qu'un obus a arrachés. Des fermes ne sont que décombres fumants et des villages entiers sont en ruines.

Des vaches surprises par la mitraille gisent à terre, le corps gonflé et les quatre pattes en l'air. Là, où les obus n'ont pas porté, ce sont des entonnoirs[1]. Des chevaux sont couchés sur le flanc au milieu d'une mare de sang et leurs entrailles sortent d'une plaie affreuse. À la lisière d'un petit bois, deux sections se sont rencontrées et l'on peut encore voir les baïonnettes fichées dans les poitrines. Des fourgons, des caissons sont abandonnés et la plupart sont en pièces. Des culots d'obus sont éparpillés sur le sol et dans leur fuite, les combattants ont laissé des quantités d'obus non tirés que le génie devra recueillir avec soin. Fusils cassés, sacs, gamelles, cartouchières sont semés tout le long de la route. Les petits cours d'eau sont franchis sur de grandes planches qui remplacent les ponts détruits. Pendant une courte halte, un homme veut pénétrer dans un petit bois, il en est empêché par l'odeur infecte qui s'en dégage. Plus loin, de braves paysans pleurent leur maison détruite et leurs bêtes carbonisées. Des vaches errent et beuglent pour qu'on leur tire le lait. Quelques-unes se laissent approcher et traire, mais elles sont rares.

On voit des obus qui sont restés fichés dans le bois. Pendant des kilomètres, c'est le carnage, la dévastation et la terreur. Des scènes qui vous font détourner les yeux et retenir la respiration. Il faut être forcé d'avancer pour ne pas faire demi-tour et quitter au plus vite cette région

---

1 Entonnoir : terme généralement employé pour désigner l'excavation, souvent importante, produite par l'explosion d'une mine. Désigne aussi un trou d'obus particulièrement large.

infecte. Qu'ils soient Français ou Allemands, ce sont des pères, des maris, des frères et des fils qui ont trouvé là une mort glorieuse, mais combien horrible !
L'odeur qui se dégage des cadavres en putréfaction est épouvantable. Joignez-y l'odeur de la poudre et des ruines encore fumantes, c'est une véritable asphyxie ! Si mes yeux se ferment, parfois, à la vue de ce spectacle, il faut souvent se boucher le nez et la bouche pour n'être pas incommodé.
Nous repassons à Villevenard, que les ennemis ont occupé quatre jours et qui n'a pas trop souffert. L'un d'entre nous est descendu du tombereau en quête d'un trophée. Parmi les morts, il tombe sur un des nôtres, caporal au 162e, dont un éclat d'obus a fracassé la mâchoire. Ce qui l'a empêché d'appeler à l'aide. Il est aidé par l'abbé de ma division et c'est à l'hôpital de Sézanne qu'on l'achemine.
Nous traversons Courjeonnet, dans une des premières maisons de ce village, un médecin prodigue ses soins à six cuirassiers dont deux viennent d'expirer. Quelques Prussiens cachés dans une maison nous reçoivent à coups de fusil. Cernés, ils se laissent tuer jusqu'au dernier plutôt que de se rendre. C'est un exemple de bravoure qu'il faut reconnaître.
J'ai l'occasion de ramasser un sabre-baïonnette allemand. Cette arme au dos taillé en dent de scie est un engin de torture digne des barbares. Je le conserve quelques jours dans le tombereau, mais je suis obligé de l'abandonner, privée de son fourreau, c'est une arme trop dangereuse à transporter.
Nous passons Coizard-Joches, Vert-la-Gravelle, tous ces

villages sont dévastés et en ruines. Nous avançons sans rencontrer âme qui vive. C'est la ruine complète, définitive, un silence de mort règne, il ne reste rien d'intact. C'est une désolation infinie, horrible. Des maisons, il ne reste que les murs, tout est à ciel ouvert et l'incendie a achevé ce que les obus ont épargné. Les églises sont éventrées et les clochers se dressent comme des squelettes décharnés. Dans les rues, on voit des cadavres d'animaux déchiquetés et à demi consumés. Dans une petite église épargnée, 200 blessés français et allemands attendent d'être évacués vers l'arrière du front. Nous nous arrêtons sur la route, il commence à faire noir. Bivouac encore et voilà cinq nuits de suite que nous couchons à la belle étoile. Nous nous allongeons au mieux en bordure de route, près des voitures. Au milieu de la nuit, je suis réveillé en sursaut par un terrible coup sur les genoux. Je souffre tant que j'ai peine à me relever.
— Sale bête !
Un cheval s'est détélé et a rué sur moi. Il est hors de question de déranger le major. Deux hommes m'aident à marcher et peu à peu, j'arrive à me tenir sur les jambes, on me masse et nous nous recouchons.

Le 11, la victoire venant de l'Ouest s'affirme. Quant à moi, j'ai d'autres soucis.
Le matin, je vais trouver le médecin-major qui me palpe, m'ausculte.
— Rien de casser, me dit-il.
Mes genoux sont couverts de « bleus ». Il me fait masser et comme remède il me prescrit trois jours de voiture. En

principe, je serai dans une voiture suspendue, mais, il n'y a pas le choix, alors je remonte dans le tombereau.
Il a plu cette nuit et rien pour se sécher. Si je pouvais marcher, je suivrais à pied, cela me réchaufferait, mais rien à faire. Nous passons à Coligny (Val-des-Marais), à Bergères, à Vertus, même désolation, mêmes ruines. Dans un vaste champ, quarante-huit chevaux éventrés gisent au sol. Quelle perte !
C'est l'œuvre d'un aviateur français.
La garde prussienne campait là et il est certain qu'un nombre égal d'hommes a été atteint par les bombes, mais les Prussiens les ont enterrés dans une fosse commune ou emmenés.
Plus loin, un petit monticule de terre et une croix attirent notre attention. Cette croix en bois, bien verni est plus belle que les autres. On y lit en Français, cette inscription : « Guillaume, comte de Moltke, décédé, etc. », celui-là repose probablement dans un bon cercueil qui après la guerre prendra le chemin de l'Allemagne.
Le temps est moins beau et la pluie persiste. Nous avons bien souffert de la chaleur, mais l'eau, ce n'est pas mieux. Nous faisons une halte d'une heure sous une pluie diluvienne et cherchons un abri de fortune. Nous n'avons rien à manger. Ceux qui ont encore une poule ou un lapin ne peuvent les cuire par cette pluie : aucun feu ne prend.
Nous passons à Oger et la colonne s'arrête en pleine campagne pendant des heures. Les hommes sont trempés jusqu'aux os. Enfin, il est 21 heures et nous sommes à Avize. Dans l'obscurité, on remarque que c'est une petite ville avant de gagner les cantonnements à la hâte. À minuit, nous faisons encore cercle autour de grands feux

de bois. Il faut se sécher, sécher le linge que nous venons de quitter, les capotes, les pantalons, les bottines… Le lendemain, les vêtements sont loin d'être secs. À Avize, nous pouvons, enfin, nous ravitailler, il était temps.

Le 12, la bataille s'éteint à l'extrême gauche aussi et sur toute l'immense ligne. La poursuite devient générale.
Depuis 5 heures, les hommes se baladent dans Avize et l'ordre de départ n'arrive pas. Vers 6 heures, j'assiste à une messe. Depuis le 15 août, je n'avais pas assisté à la messe. Je fais quelques emplettes et essaie de télégraphier, mais en vain.
Je souffre de douleurs dans les jambes et, à mon grand regret, je me trouve dans l'impuissance de rejoindre ma compagnie. Vers 8 heures, je remonte dans le tombereau. Nous partons.
Nous passons à Cramant, Cuis, Pierry qui n'ont pas trop souffert du passage des Prussiens. Aucun dégât matériel, ils ont simplement vidé tous les magasins et les caves.
Il paraît qu'il s'est passé des scènes d'orgie inénarrables.
Sur la route, des gamins chantent sur l'air de « Petit papa, c'est aujourd'hui ta fête » :
« *Ils sont partis les mangeurs de choucroute,*
Ils sont partis sans avoir vu Paris. »
À Épernay, ce n'est plus l'abondance du 3 septembre. On n'y trouve plus rien. Les Prussiens ont tout pillé et volé ; pas de tabac ni de cigarettes. Un débrouillard nous apporte quelques bouteilles de champagne, c'est un rêve. Est-il possible qu'ils en aient laissé ?
Nous trinquons à la grande victoire, je n'avais jamais bu de champagne. Même dans un vulgaire quart, c'est

délicieux.

Le 13 septembre, Joffre annonçait la victoire au gouvernement, en des termes, simples comme lui-même: *«Notre victoire s'affirme de plus en plus complète. Partout, l'ennemi est en retraite. À notre gauche, nous avons franchi l'Aisne en aval de Soissons, gagnant ainsi plus de cent kilomètres en six jours de lutte. Nos armées, au centre, sont déjà au nord de la Marne. Nos armées de Lorraine et des Vosges arrivent à la frontière.»*
De fait, du point de vue tactique, cette bataille ne réalise aucun des caractères du coup de massue qui abat une armée. Même si la victoire a découlé tout naturellement des conceptions rigoureusement logiques du haut commandement français, elle n'a pas suivi la voie que celui-ci lui avait préparée.
Un double enveloppement des ailes était prévu, aucun d'eux n'a réussi. Nos manœuvres enveloppantes, que la faiblesse de nos effectifs ne permettait pas d'étoffer suffisamment, ont été contre-attaquées et mises en grand danger. En revanche, les efforts de Gallieni et de Maunoury ont obligé l'ennemi à dégarnir son centre droit et à y laisser un large vide.
French et Franchet de Esperey ont pénétré dans cette brèche et l'ont agrandie, prenant à revers les armées voisines qui durent, de proche en proche, abandonner le combat.
Il n'y a donc pas eu enveloppement, il n'y a même pas eu rupture du front parce que l'ennemi n'a pas attendu cet événement. Il y a eu simple poussée de toute la ligne vers

le nord. Poussée, qui d'ailleurs, coûte cher au vaincu, plus cher que ne coûtèrent maints coups de filet retentissants, si l'on en croit les milliers de morts que les Allemands ont laissés devant nos lignes, sur l'Ourcq ou dans les marais de Saint-Gond et l'énorme quantité de matériel qu'ils ont abandonné sur nos routes.

Du point de vue stratégique et moral, le succès est décisif. Il ne détruit pas l'armée allemande, il n'abat pas l'Allemagne, mais il fixe le sort de la guerre en brisant net la formidable attaque brusquée. Maintenant, l'Allemagne va devoir improviser de nouveaux moyens dans des circonstances difficiles.

Sous la pluie qui ne cesse pas, et qui change les routes en fondrières, la marche de l'artillerie et des convois est ralentie. La ligne de nos armées s'est déjà partout heurtée de proche en proche à une solide résistance.

Résultat pendant que la colonne s'engage dans la forêt de la montagne de Reims, nous nous endormons et c'est la pluie torrentielle qui nous réveille.

Tous les ponts sur la Marne ont été détruits, mais les hommes du génie les ont vite remplacés et nous passons lentement sur des ponts de fortune. Les fils télégraphiques sont coupés, de gros arbres sont mis en travers de la route. Les Allemands détruisent le plus possible avant de fuir.

Il pleut toujours et les arbres humides de la forêt augmentent nos frissons. Les routes sont sales et boueuses, il ne reste plus que des pistes tracées par le poids des hommes et des chevaux et par les roues des lourds chariots. Nous sommes méconnaissables, couverts de boue, couleur de sol. Point n'est besoin d'un nouveau drap pour atténuer l'éclat du rouge de nos pantalons, ni la tache sombre du bleu, car on ne voit plus ni bleu, ni rouge. Nos vêtements sont trempés d'eau et de boue et nos membres sont tellement raidis que nous avançons comme un troupeau. Nous ne sommes plus des humains. Pourtant, au premier coup de feu, nous nous ragaillardirons.

La colonne s'arrête au milieu de la forêt dans le village de Saint-Imoges. Les hommes commencent à faire de gros feux pour se sécher quand arrive l'ordre de repartir. Encore un grand effort et beaucoup d'énergie sont nécessaires pour chasser les Allemands de Reims. Il est 19 heures, il fait noir, les hommes rangent leurs affaires, après un semblant de repas et reprennent la grande route sous une pluie torrentielle.

Les chevaux, eux aussi, méritent notre pitié. Depuis le 6 septembre, ils n'ont pas vu une écurie et sont restés attelés tout le temps, même la nuit, ils n'ont pas quitté leur harnais et les brancards. Ils sont à bout.

Avant ce départ arrive un ordre : tous les malades doivent rester à Saint-Imoges. Pour moi, le voyage s'arrête là. Les majors nous rassemblent après nous avoir fait descendre des voitures. Je vois partir mes camarades avec beaucoup de regrets. J'aurais bien voulu les suivre, mais mes forces ne me le permettent pas. Je suis épuisé.

Deux fourragères ont été réquisitionnées pour nous conduire à Reims. La pluie a cessé, mais le vent est froid. Les habitants sont heureux de revoir les pantalons rouges. Ils nous acclament, des femmes nous offrent des fleurs.

Deux heures auparavant, il y avait encore des Prussiens. Dans la ville qu'ils ont occupée, une dizaine de jours,

nous entrons en vainqueurs. La population heureuse d'être délivrée félicite par des cris et des bravos, cette armée victorieuse dont nous sommes des débris. On nous dirige sur le couvent Saint Rémy.
Là, je vais être soigné, bichonné par des religieuses très charitables.
La bataille de la Marne est terminée.

C'est une grande victoire pour la France. Les troupes marchent encore une journée et la poursuite de l'ennemi doit en rester là. L'effectif des chevaux, aussi fourbus et épuisés que les hommes, est réduit de moitié. Les munitions manquent. Voilà les raisons pour lesquelles, il est impossible de transformer cette défaite des Allemands en véritable désastre.
La 6e armée est engagée devant Soissons ; l'armée anglaise est arrêtée sur l'Aisne ; la 5e armée est au nord de Reims ; la 4e entre Chalons et l'Argonne ; la 3e aux abords nord du camp retranché de Verdun.
Quelle sera la suite des événements ?
Pour ma part, je suis pessimiste, car les Allemands se sont approvisionnés en munitions et ont reçu d'importants renforts. Tout cela n'est pas de bon augure.
D'autre part on raconte des histoires fantastiques sur l'aspect des cadavres allemands. Sans blessure apparente, ils ont été foudroyés par la mort et sont comme pétrifiés[1]

---

1   Cadavres statufiés : en fait ils n'ont rien d'imaginaire. Ils sont l'effet du « vent d'obus », phénomène nouveau causé par la puissance des explosifs qui, en éclatant, créent une dépression dans un rayon d'une

dans leur dernière posture ; les uns épaulent, d'autres chargent leur arme ou, fument la pipe.

Est-ce le résultat du fameux explosif mis au point en secret par le chimiste Turpon et dont on avait parlé avec fracas lors de la déclaration de guerre ?

---

quinzaine de mètres, épargnant l'enveloppe charnelle mais faisant exploser les poumons et les bronches.

IX

REIMS

Le couvent Saint Rémy est un orphelinat. La salle que nous occupons contient une cinquantaine de lits, de vieux draps remplacent les vitres qui sont toutes brisées. C'est l'effet du premier bombardement qui annonçait l'entrée des Prussiens dans la ville. Quelques obus sont tombés sur cet établissement. Il y a plus de 500 vitres en éclats et la chapelle est détruite. Un obus a entamé la voûte de la cave où se cachaient les sœurs et les enfants.
C'est un miracle que personne n'a été atteint.
Les bonnes sœurs ont eu juste le temps de changer les draps des blessés allemands qui occupaient encore les lits la veille et qu'elles ont dû les soigner pendant dix jours. Les religieuses très charitables ont gardé pour elles leurs souffrances morales et physiques, mais j'ai su par une orpheline qu'ils étaient dégoûtants et que, chaque matin, il fallait prendre sur soi pour nettoyer leurs immondices.
Une jeune orpheline, Mlle Juliette, très gentille, me soigne comme un frère. Elle me rend surtout un grand service. Mon lit ayant été occupé par un Allemand blessé, dégage une odeur effrayante de pied. Cette odeur m'incommode même la nuit et me provoque des insomnies. Grâce à elle, je suis déplacé au bout de la salle

près d'une porte. Ceux qui savent ce qu'est cette maladie des pieds se rendront compte que cette gentillesse me fut très agréable.[1] En remerciement de cette amabilité, je veux la rétribuer, la sachant sans ressources, mais elle refuse catégoriquement l'argent d'un soldat.

Une religieuse veut bien me préparer un bain, mais en cachette pour que les autres ne le sachent pas. Je ne me sens plus le même, quand, bien propre, je me retrouve dans un lit bien propre avec du linge bien propre. Puis, c'est la soupe dans un bol bien propre, la viande et les légumes dans une assiette bien propre et l'eau et le vin dans un verre.

Un médecin passe et donne aux sœurs les ordres pour les soins à donner à chaque malade.

À 5 heures du matin, ce 14 septembre, une brave sœur rentre à pas de loup dans la salle, prie les hommes de se lever et de s'habiller en hâte, les Prussiens commencent à bombarder et il faut se mettre à l'abri. En effet de gros « boums » se font entendre et nous sommes vite dehors en aidant les grands blessés de notre mieux. Les religieuses descendent dans leurs caves avec les orphelins et nous allons nous abriter dans les sous-sols de l'hôpital civil qui se trouve à deux cents mètres du couvent.

---

1 Il a fallu deux ans pour faire disparaître l'odeur des blessés allemands des salles qu'ils occupaient en 1870 à l'hôpital Beaujon. L'explication du phénomène tient en un mot « Bromidrose ». Ce mot est composé d'« hydrose » qui veut dire sueur et de « brome » puant. Selon le docteur Bérillon, c'est le résultat de l'influence du système nerveux sur l'activité des sécrétions urinaires, alvines, glandulaires et cutanées. Odeur de la « race allemande » pour certains, odeur de graisse rance ou de clapier pour d'autres, il s'agit en fait d'odeurs butyriques se développant entre les orteils.

Les obus tombent-ils avec plus de fracas en ville qu'en campagne ?
Le bruit en est moins sec, car là où ils éclatent c'est un « boum » épouvantable causé par l'écroulement auquel viennent s'ajouter le tremblement des maisons et le fracas des milliers de vitres qui volent en éclats.
Malgré le bombardement, et à cette heure matinale, un vrai repas est servi à l'hôpital : bouillon, viande, fromage, etc.
Nous montons à tour de rôle dans la vaste cuisine et c'est admirable de voir cette organisation que dirigent des dames de la ville. Vers 7 heures, je me renseigne auprès d'une infirmière pour savoir ce que la cloche vient de sonner :
— Ne serait-ce pas l'heure de la messe ?
— Non ! C'est un appel de service, me dit-elle.
Vers 18 heures, la canonnade cesse et on nous fait retourner au couvent où nous sommes bien heureux de retrouver notre lit et les bonnes gardes malades.
Le reste de la journée se passe, à dormir, manger, causer avec ses voisins, les religieuses et les orphelins. On nous annonce la prise du fort de Wesin par les Français. Succès, certes, mais au dire des habitants, les Allemands en se retirant, ont gardé avec eux un millier de prisonniers français pour s'en servir comme bouclier humain, en violation des lois de la guerre.

Le 15, le bruit de la canonnade nous accueille de bonne heure. Les religieuses restent dans leurs caves. De temps en temps, il en apparaît une qui nous prie d'aller encore nous mettre à l'abri dans les sous-sols de l'hôpital, mais nous sommes si bien couchés que nous préférons rester. Les obus ne nous font plus peur, mais par moments les éclatements semblent si proches que certains se cachent sous le lit. Vers 10 heures, le bombardement cesse, on espère que les batteries allemandes sont délogées. Le temps est beau. Je vais chez un coiffeur voisin me faire couper les cheveux et raser.

Je peux voir les quelques maisons environnantes qui ont souffert ainsi que l'église Saint Rémy dont tous les vitraux sont en pièces. La cathédrale aussi a déjà eu sa part et on verra plus tard comment ces vandales en achevèrent la destruction.

Vers midi, l'ordre arrive d'aller à l'hôpital passer une visite d'évacuation. C'est avec regret que nous quittons les bonnes sœurs pour faire place à d'autres. Dans la grande cour de l'hôpital, nous attendons notre tour de visite. C'est un défilé continuel devant les majors qui statuent sur le sort de chacun et les blessés allemands sont traités de la même façon. Les hôpitaux de Reims sont remplis et le service sanitaire a l'air débordé. On le serait à moins quand on pense que cette bataille a coûté 60 000 hommes à la France.

Enfin arrive notre tour, après trois heures d'attente. L'officier présente aux médecins ses vingt-trois hommes qui sont examinés sérieusement. Dix-huit ne sont pas reconnus assez malades et obtiennent huit jours de repos qu'ils doivent passer chez l'habitant avant de rejoindre le front. Les cinq autres, dont je suis, reçoivent leur billet d'évacuation.

Je monte dans une auto qui me conduit à la gare de Reims.

La gare est déserte, des hommes nettoient et lavent à grande eau pendant que le génie répare les voies. Aucun mouvement, sauf les blessés qu'on descend des autos pour être transportés dans les trains. Ce sont les premiers convois qui partent et je monte au hasard dans un wagon. Il n'y a pas à choisir, ce sont tous des fourgons à marchandises. Le train part presque aussitôt et passe par Fismes.

La nuit arrive, on ferme les cloisons du fourgon et dans l'obscurité, on s'installe pour le mieux.

Nous sommes une vingtaine dans le fourgon aménagé pour le transport des troupes. Il y a quatre grands blessés qui ne peuvent faire aucun mouvement et qui sont couchés à terre sur des traverses de bois. Les autres doivent dormir assis en faisant toute vigilance pour ne pas heurter les malheureux qui sont allongés à leurs pieds.

Quelle nuit longue et pénible !

Celui qui fait le moindre mouvement touche un membre blessé d'un autre et ce sont des cris déchirants. À chaque arrêt du train, et ils sont nombreux, les hommes sont jetés les uns sur les autres par un choc épouvantable et ce sont des hurlements qui soulèvent le cœur.

On ne se voit pas, on entend des plaintes. Les plus vaillants consolent les autres et le jour n'arrive jamais. Enfin, il finit par arriver, on est le 16. Il se dégage une odeur malsaine, certains soldats crachent et s'oublient fréquemment, d'autres ne voient pas comment ouvrir un peu la cloison et urinent presque sur place.

Un grand gars pris de coliques ne peut attendre le prochain arrêt, il laisse un petit souvenir qui n'embaume pas.

Le Bourget est la première localité que je puis noter, puis c'est Noisy-le-Sec, où l'attente est assez longue. Il peut être 9 heures. Un peu avant d'arriver au Bourget, nous avons dû descendre un blessé qui perdait énormément de sang et souffrait tellement qu'il appelait la mort. Il a été transporté dans une maison voisine de la voie en attendant qu'une auto vienne le chercher. Il y a bien un docteur dans le train, mais il n'est pas outillé pour les grands pansements.

Le train passe à Rosny, Nogent, la Varenne, Champigny, Villeneuve St Georges. Partout, ce sont des ovations frénétiques. Les mouchoirs et les chapeaux s'agitent. Les vieux font le salut militaire, les femmes envoient des baisers et les enfants tapent des mains.

À chaque pont, à chaque barrière, aux fenêtres et dans toutes les gares, ce sont des acclamations chaleureuses à l'adresse des blessés de l'armée victorieuse. Là où le train s'arrête, les gens accourent les mains remplies de douceurs. Dans le lointain, la tour Eiffel, le Dôme de Montmartre, les tours de Notre Dame semblent s'élever avec plus de majesté depuis que ces petits soldats ont versé leur sang pour les préserver à jamais de l'invasion des barbares. À nos yeux, ces monuments sont le « Tout-Paris » reconnaissant.

À Juvisy, le train s'arrête sur une voie de garage. Des majors font les pansements nécessaires et un repas nous est distribué par les dames de la Croix-Rouge. Vers 16 heures, chacun reprend sa place dans le fourgon et le départ est donné.

La nuit n'est pas moins désagréable que la précédente.

Nous passons à Orléans, Tours. Je regrette que ce parcours se soit effectué la nuit, car je n'ai de ces villes que le souvenir des gares plongées à demi dans l'obscurité. Nous sommes le 17, à 6 heures, le train s'arrête à Saumur, un peu avant la gare et à proximité d'un pont. Il n'y a pas d'animation à cette heure matinale. Les quelques personnes qui passent servent de liaison entre les magasins et le train et distribuent chocolat, pain, vin, fruits, etc. La nouvelle se répand vite et des dames de la ville arrivent encore à temps avec des paniers de provisions.

Nous passons à La Flèche et il est midi quand le train s'arrête dans la gare du Mans, où le service de la Croix-Rouge nous donne à manger. Mais, nous n'avons pas faim. Depuis Saumur, le train s'est arrêté à toutes les gares et partout nous avons été comblés de bonnes choses dont quantité de pêches exquises.

À la réception de ces gâteries, l'un des blessés dit :
— C'est trop fin pour nous ça, c'est du manger de riches.
Un autre répond :
— En temps de guerre, il n'y a plus de riches.

Sept wagons sont détachés du train et sont dirigés sur Conlie, où nous arrivons vers 16 heures sous une pluie battante.

Je crois que toutes les voitures et carrioles de la ville sont à la gare, elles suffisent à nous transporter tous. Nous sommes environ 200. Une moitié est logée à la mairie, l'autre à l'école, mais il manque quelques lits. Quatre hommes devront loger chez l'habitant.

Le 18, le docteur vient de me visiter et me laisse entendre que des congés de convalescence me seront donnés à condition que je puisse prouver mes moyens d'existence. Il faut donc que j'écrive au plus vite à ma femme pour qu'elle m'envoie un certificat signé du maire.

Le 19, j'assiste à la messe. J'ai voulu donner à Dieu un maximum de prières en ce premier dimanche de calme et de liberté, sans oublier de dire « l'Ave Maria du soldat ».
« Je vous salue, Rosalie[1]
Pleine de charmes,
La victoire est avec nous,
Vous êtes bénie entre
Toutes les armes,
Que votre pointe, qui fouille les
Entrailles des Boches,
Soit bénie !
Sainte Rosalie, Mère
De la Victoire
Priez pour nous, pauvres
Soldats,
Maintenant, à l'heure
De la Revanche !
Ainsi soit-il ! »

---

[1] Rosalie : personnification, au début de la guerre, de la baïonnette dans une chanson de Théodore Botrel intitulée, « Rosalie », chanson à la gloire de cette terrible arme. Le terme est repris par les civils à l'arrière. Du côté des combattants, comme souvent, certains emploient également ce terme mais la plupart le rejettent.

Je ne pouvais oublier que les trois grandes journées de bataille étaient des dimanches. Dinant, Saint Pierre, Montmirail.

L'intendance du 6e corps était au Mans et je vois arriver quelques soldats de ce service qui, ayant appris qu'il y avait, à Conlie, des blessés venant de Reims, sont en quête de nouvelles. Je leur fais un plaisir immense en leur remettant un journal de Reims qui donne d'amples détails sur le bombardement.

Le 21 et 22, septembre, il passe en gare beaucoup de trains de chevaux et de ravitaillement. En sens inverse, un train de prisonniers et un train de canons et de munitions pris aux Allemands.

Ces journées à Conlie se passent dans le plus grand calme. Je me sens mieux, mais les douleurs dans les genoux et les jambes ne se terminent pas. Il est vrai que selon les majors, les régimes sont bien différents. Pour l'un, il faut un repos complet, allongé dans un lit, pour l'autre, des bains, un troisième m'ordonne des messages et un quatrième de la marche. De la marche, rien que le mot, me rappelle les heures de souffrance sur les routes de la retraite.

Le 23 septembre, je reçois le certificat d'alimentation signé du maire. Je suis heureux de posséder cette pièce indispensable à ma convalescence.

Le 25, je prépare mon baluchon, car c'est demain que je dois aller au Mans passer une nouvelle visite avant d'obtenir mon congé.

Le 26 septembre, je prends le train de 8 heures 30 pour

Le Mans. Nous sommes huit et un sergent nous conduit à la gare. Je vais coucher chez l'habitant.

Le 27 septembre, je vais à l'hôpital Saint Vincent, passer la visite et obtiens un mois de permission. J'en suis ravi.

La 28 septembre, vers 19 heures, je suis allé à l'hôpital Saint Vincent chercher ma permission signée du général.
Je suis heureux comme un roi, mais les rois le sont-ils ?
Je n'ai pas attendu pour me mettre en route et à 10 heures du soir, je prends le train pour Paris. Beaucoup de voyageurs ; des Parisiens qui rentrent chez eux après la grande panique de fin août ; militaires se dirigeant sur leurs dépôts ou en congé de convalescence. Jusqu'à Chartres, je fais route avec des Turcos et des Sénégalais qui, leurs blessures guéries, retournent au front.
De Chartres à Paris, le voyage est plus agréable, il y a plusieurs dames, dont une et son petit garçon rentrent déjà à Reims.
À toutes les gares, les dames de la Croix-Rouge ravitaillent les soldats qui voyagent aux environs de Paris. Leur sourire est si aimable, leur langage si charmant que ce qu'elles offrent doit certes être bien bon, mais « la façon de donner vaut mieux que ce qu'on donne ».
Le 29 septembre, arrivé vers 7 heures à la gare, je vais prendre le train pour rentrer chez moi. Pendant un mois, je vais mettre la guerre entre parenthèses.
C'est une résurrection, de se retrouver au milieu de ceux que l'on aime. J'apprécie d'autant plus ma chance que ce retour était inespéré. Les premiers insuccès de nos

troupes ont fortement démoralisé les optimistes qui croyaient que la guerre ne durerait pas plus de 100 jours.
La victoire de la Marne redonne courage et espoir à tous, mais les Prussiens ne sont pas vaincus, loin de là. Pendant ce temps, la guerre continue et je ne l'oublie pas, surtout je pense à mes camarades. Je réussis à apprendre que le 3 octobre, le lieutenant-colonel Quiquandon a donné l'ordre à deux sections de la 23e compagnie, soutenues par un peloton du 5e bataillon, de reprendre le Pont de Courcy, d'où les Allemands avaient chassé nos petits postes. Un violent combat s'est engagé sur les Cavaliers-de-Courcy, mais les quatre sections, malgré leurs efforts, ne purent progresser sous un feu violent de mousqueterie et de mitrailleuses, le Pont ne put être atteint. Il y eut 13 tués et 33 blessés.
Le régiment prit ensuite part à des travaux et à quelques opérations de détail, en vue de l'amélioration et de la rectification des positions.
La guerre de position, si peu en rapport avec les qualités du soldat français, semble à présent s'imposer. Restant dans la région de Reims, le 243e R.I. reçut le 17 octobre, l'ordre de relever le 151e R.I. dans le secteur s'étendant à 200 mètres de la butte de tir, jusqu'au pont de Saint-Léonard, les tranchées suivent d'une manière générale le talus du chemin de fer.
D'importants travaux d'organisation et de défense ont été rapidement menés, en dépit du tir très précis de l'artillerie ennemie. Le 26, le régiment goûtera un repos bien gagné, à Trois-puits et Champfleury.

Pour moi, le 26 octobre est jour de visite à l'hôpital ; mon congé de convalescence devant expirer le 27. Le médecin me déclare *« bon pour le service »*. Je vais repartir au front. J'essaie de ne pas avoir le cafard.

Le 28 octobre, je rejoins mon régiment au front. Mais je ne suis plus dans la même escouade. Ici, la guerre a bien changé.
Après les batailles des premiers mois, il règne une brusque accalmie due à l'épuisement des troupes et des stocks de munitions. Chez nous, comme chez les « boches », les hommes sont à demi morts de fatigue. D'avoir attaqué, comme nous l'avons fait, baïonnette au canon et au son du clairon, reculé comme nous l'avons fait, sont des faits qui ne semblaient pas avoir été prévus dans les écoles de guerre. Amèrement instruites des dangers de l'offensive à outrance, les deux armées, pendant mon absence, en ont profité pour s'enterrer face à face. Entre l'automne et décembre, 700 kilomètres de tranchées ont été creusés, entaillant la zone de contact entre les lignes ennemies. Nous parons au plus pressé, nous creusons les tranchées à la main, les hommes s'enterrent un à un, formant progressivement des tranchées rudimentaires. Les Allemands, quant à eux, construisent des blockhaus et des abris selon une technique préétablie, avec des zones dédiées aux munitions, au couchage et aux magasins de vivres. La propagande fustige les Allemands, accusés d'être des pleutres par le général Cherfils dans l'Écho de paris : « *l'Allemand s'est terré comme une taupe peureuse, et*

refuse le duel à l'arme blanche et à la loyale, si cher à nos poilus. »
Quoique aucun État-major ne le souhaite, désormais, la guerre d'usure s'impose. Nous qui imaginions fêter Noël 1914 dans nos foyers... Nous le passerons dans les tranchées, si Dieu le veut.

Nous sommes à quelques dizaines de mètres de l'ennemi, séparés « *par une terre sans homme* », no man's land, comme disent les Anglais, couvert de barbelés.

Quels changements, nous qui nous plaignions, il n'y a pas si longtemps de trop marcher, nous voilà maintenant, dans la terre. Nous sommes enterrés vivants. Quel présage funeste !

Dans ces trous, nous sommes exposés à toutes les intempéries, baignons dans la boue et rongés par la vermine, nous vivons au milieu des rats. Le front, verrouillé par Verdun, est globalement statique. Barbelé à l'avant, canons à l'arrière, nous dans les tranchées, voilà le nouveau profil de la guerre.

On doit subir d'interminables bombardements, avant de recevoir l'ordre d'attaque. J'ai bien peur que mes jambes ne tiennent pas dans ces conditions.

Du 2 au 7 novembre, le régiment occupe les tranchées dans le secteur s'étendant de la route Saint-Léonard à Berru à un point situé à 200 mètres environ du passage à niveau. Le P.C. du régiment étant fixé à Taissy. Travaux d'amélioration des abris, le long du canal et de la voie ferrée, et renforcement des défenses accessoires, telles sont nos occupations. Il faut y ajouter les services de surveillance. Puis, nous sommes relevés par le 327e, nous allons en réserve à Champfleury.

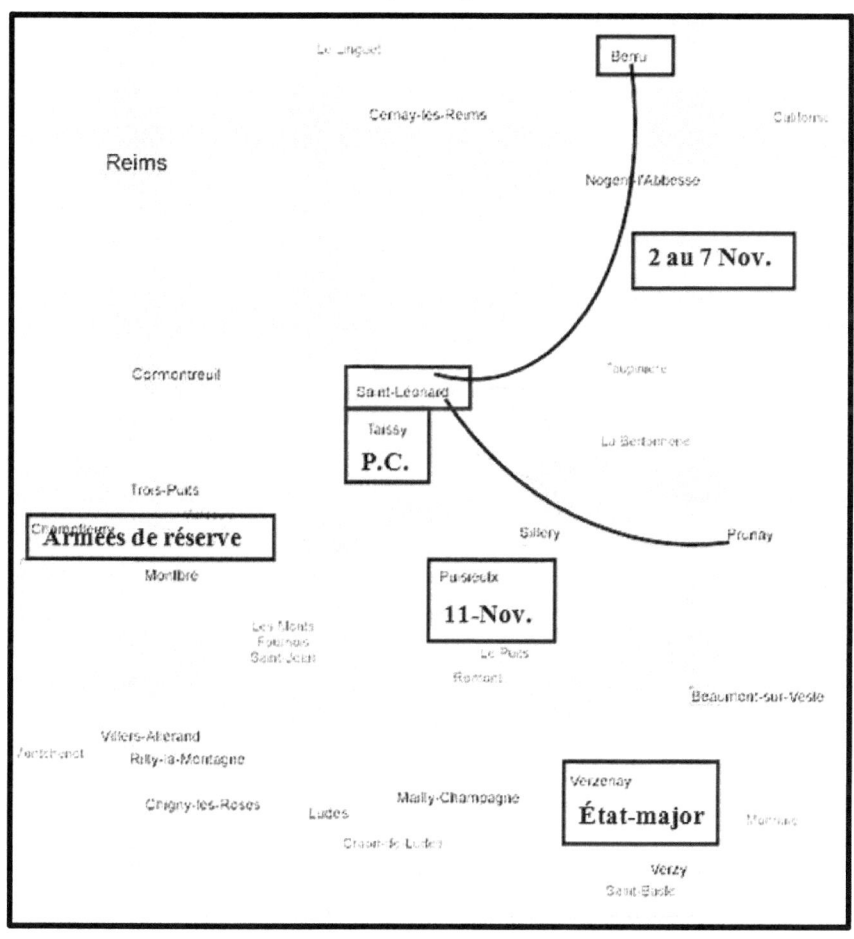

Nos positions du 2 au 11 novembre 1914.

Le 11 novembre, le régiment se rend à Puissieux et passe sous les ordres du général commandant la division du Maroc. Les deux bataillons font partie du secteur de Prunay, sous le commandement du colonel Pein, commandant ce secteur. Un bataillon occupe les tranchées à l'est et à l'ouest de Prunay, l'autre bataillon est en réserve le long du canal dans des abris situés près du Pont de l'Écluse. C'est à Verzenay, où cantonne l'État-major du régiment, que le régiment va passer ses périodes de repos, le temps libre est employé à l'instruction.

Le 16, le commandant Tupinier, promu lieutenant-colonel, prend le commandement du 310e R.I. Le capitaine Baquet, de la 22e compagnie, commande provisoirement le 6e bataillon.
Dimanche 22 novembre. Voilà quelques jours qu'il fait froid. Il gèle très fort chaque nuit. Le canal de la marne au Rhin qui passe par ici est tout gelé.
La nuit, je m'enfonce le nez sous la paille, sans crainte des rats qui sont un véritable fléau. Un ennemi de l'intérieur qui ne facilite pas la vie des soldats. Les rats des tranchées appelés « rats de cadavre » sont très agressifs et particulièrement répugnants. Ils se multiplient très vite surtout si les tranchées sont mal entretenues et qui peuvent très bien nous grignoter le bout du nez sans qu'on le sorte, car la bise souffle rudement.
La terre est gelée sur une profondeur d'au moins douze centimètres. C'est dire qu'il ne fait pas chaud. Voilà une dizaine de jours que nous n'avons pas été au combat. Le canon tonne dans le lointain.

Le 22, vers 14 heures, la division marocaine fait un coup de main vers les tranchées ennemies. Le 4e tirailleur a pour objectif la Ferme de la Bretonnière. De 14 heures à 15 heures, la 237e compagnie du 243e R.I., commandée par le lieutenant Dupont, est soumise à un feu violent d'artillerie (80 obus environ, de tous calibres). Elle a reçu pour mission d'aller occuper, puis d'évacuer sur ordre des tranchées ébauchées situées à 300 mètres du front primitif. Elle a bien rempli sa mission, qui était d'attirer le feu de l'ennemi. Dans un rapport sur cette opération, le colonel commandant le secteur de Prunay demande au général commandant la division une citation :

« En faveur du lieutenant de réserve Dupont qui commande avec fermeté une compagnie de réservistes depuis trois mois et qui a fait preuve dans la journée du 22 des plus belles qualités de chef, en faisant exécuter avec calme un feu de mousqueterie bien réglé, malgré le tir des batteries ennemies de gros et petits calibres, ayant concentré leurs coups sur sa compagnie. »

« En faveur de l'adjudant Lamiaux, de la 23e compagnie, pour avoir maintenu sa section de façon tout à fait remarquable, malgré un feu excessivement violent d'artillerie. »

« En faveur des soldats Goget et Stockmann, de la même compagnie qui, malgré un feu d'artillerie d'une violence inouïe, ont exécuté des feux, comme s'ils étaient à la cible. »

C'est au cours de cette période que sont exécutés des travaux importants pour l'amélioration du secteur : abris, tranchées, boyaux de communication, etc.

Après leur mise en place en 1914, les tranchées ne tardent pas à être plus élaborées, plus profondes. Elles constituent un réseau de « parallèles » : deux ou trois lignes proches du front, suivies, trois à cinq kilomètres en arrière, de lignes de soutien et de repli. Les premières lignes françaises sont séparées des premières lignes ennemies par un « no man's land », de quelques dizaines de mètres à un kilomètre. Au front, la « première ligne » sous le feu est renforcée par une barrière de barbelés posés sur des chevaux de frise. Elle est reliée à la deuxième et à la troisième ligne par un lacis de boyaux[1] de 200 à 300 mètres, par lequel transitent munitions, ravitaillement, blessés, relèves. Ces lignes secondes accueillent les blockhaus, où est entreposée l'artillerie. Les lignes, réparties en secteurs et sous-secteurs, sont reliées par téléphone, de PC (poste de commandement) en PC. En fait, le mot « parallèle », qui désigne ces doubles ou triples lignes, renvoie plus exactement à une tranchée façonnée le plus secrètement possible devant la première ligne. En vue d'une attaque, on y rassemble au dernier moment les troupes d'assaut. À l'avant encore, les sapes sont des boyaux creusés perpendiculairement aux lignes ennemies, surprotégées sous un amoncellement de sacs de terre et d'arbres abattus, ce sont des postes de guet ou d'écoute, à portée de voix des

---

1Boyau : voie de communication entre deux lignes de tranchées. C'est par les boyaux que « montent » et « descendent » les unités lors des relèves, non sans problème, dus à l'étroitesse du boyau qui peut empêcher les files d'hommes de se croiser, et aux ramifications multiples qui font s'égarer les unités.

ennemis. La tranchée est protégée par un parapet[1], sorte de bourrelet de terre ou de sacs de sable : pare-éclats, destiné à amortir les tirs, de minuscules meurtrières y sont ménagées. Au dos de la tranchée, une seconde protection, le parados, doit éviter aux soldats de recevoir les éclats d'obus tombés en arrière de la tranchée et les shrapnels. Les plus élaborées des tranchées mesurent deux mètres à deux mètres cinquante de large et sont étayées par des planches de bois, leur fond garni de caillebotis et de branchages. Elles comprennent des casemates souterraines étayées et placardées de claies dans les terrains les plus humides. Elles permettent le repos (très relatif) des soldats. Quand la ligne traverse un village, les caves et parfois les tombes servent de refuge aux soldats. La circulation s'effectue dans les boyaux serpentant de rentrants en saillants. Les zigzags limitent les dégâts des tirs en enfilade. Les boyaux sont rétrécis par des chicanes, qui empêchent les infiltrations ennemies en nombre. Enfin, ils sont parsemés de banquettes[2] de tir, destinées à servir en cas d'attaque.

Les hommes fournissent quatre heures de travail de jour et cinq de nuit. Ces fatigues, les difficultés du ravitaillement, le transport de matériaux et munitions en

---

1 Parapet : rebord de tranchée qui fait face à la tranchée ennemie. Il constitue à la fois une protection (renforcée par des barbelés et des sacs de sable) et un obstacle à escalader lors des attaques ou des départs pour les patrouilles et coups de main. Une des règles primordiales de la guerre des tranchées consiste à ne rien exposer à l'adversaire au-dessus du parapet.

2 Banquette : dispositif aménagé dans la tranchée de première ligne permettant à un soldat de s'installer en position de tir, généralement couchée ou inclinée.

première ligne sous de continuels bombardements, joints à la rigueur de la température, rendent cette période particulièrement pénible. Les boyaux de communication, détrempés par les pluies abondantes sont dans un état déplorable et exigent de continuelles réfections.
Et il fait froid que ce n'est pas possible. Dire que nous nous plaignions de la trop forte chaleur, il n'y a pas si longtemps. Dans la touffeur d'un mois d'août torride, alors que chacun croyait en une guerre courte, quiconque aurait parlé de vêtements d'hiver se serait fait étriper.

Un mois plus tard, deux circulaires ministérielles invitent préfets et intendants à se concerter en vue de fournir à l'armée des vêtements d'hiver. Une troisième circulaire, signée du ministre de la guerre, recommande aux soldats de faire l'achat de vêtements chauds qui leur seront remboursés.
Dès le 3 octobre, un journaliste du journal « Le Matin » avait constaté qu'il n'était plus possible de se procurer le moindre vêtement, même à prix d'or. C'était donc aux familles de pourvoir aux besoins des soldats. Pour les moins riches, c'est le système « D » qui était de rigueur. Ainsi, on pouvait lire dans le journal, une curieuse recette :
« Si vous mangez des lapins, ne jetez ni ne vendez les peaux. Préparez le mélange suivant : eau tiède, 6 litres. Alun, 600 grammes. Sel de cuisine, 100 grammes. Trempez-y les peaux pendant 48 heures en tournant de temps en temps. Ensuite, lavez-les dans l'eau pure pendant 12 heures. Retirez-les et entendez-les. Lorsque

les peaux sont à moitié sèches, enlevez les parties trop épaisses en raclant avec un couteau. Une fois, qu'elles sont sèches, frottez-les, battez-les jusqu'à ce qu'elles soient plus souples. Puis, faites les plastrons (deux peaux par plastrons), doublez d'une étoffe légère et envoyez-les sur le front. »

La presse, en filigrane, laisse filtrer la réalité, mais Anastasie [1] la réduit vite au silence. Ce journal, avait lancé un cri d'alarme dès le mois d'octobre :

« Nos soldats souffrent du froid et surtout de l'humidité. Lorsque la pluie dure plusieurs jours et qu'il est interdit d'allumer des feux, la capote, la tunique et la chemise sont rapidement imbibées et c'est alors un manteau glacial qui recouvre le soldat. Ne pourrait-on pas donner aux troupes un vêtement spécial du genre caoutchouc, waterproof ? »

---

[1] Anastasie : surnom donné à la censure des journaux, lié à la représentation graphique d'une vieille femme dotée de grands ciseaux.

X

LA TRÊVE DE NOËL

En décembre 1914, ce même journal vantera les vertus du chauffage central qui était, soi-disant, installé dans les tranchées.
Au front, il se passe des faits que vous ne croirez pas. Avant-hier, et cela a duré deux jours dans les tranchées que nous occupons Français et Allemands se sont serré la main. Oui, oui, j'ai bien écrit serré la main. Incroyable, je vous le dis.
Voilà comment c'est arrivé : le 24 décembre au matin, les « boches » arborent un drapeau blanc et gueulent :
— Kamarad, Kamarad.
Nous de notre côté, on leur en dit autant. Ils sortent alors de leurs tranchées, sans armes, rien du tout, officiers en tête.
— Nous sommes plus que surpris. N'aurions-nous pas compris ce qu'il voulait dire ?
Cette exclamation, fréquemment prononcée par les soldats allemands lors d'une reddition, nous laisse perplexes.
— Qu'est-ce qu'on fait mon lieutenant ?
Après un moment d'hésitation,
— Oh, pis merde, on y va.
À notre tour nous sortons de la tranchée. On s'étreint, on échange, dans un sabir franco boche, des cigares, des

cigarettes, du pain K.K[1]. Nous faisons une visite de nos tranchées respectives.

Que l'on pense qu'à cent mètres de là, d'autres se tirent dessus. Incroyable, je vous dis. Si nous ne sommes pas propres, eux sont rudement sales, dégoûtants même. Je crois qu'ils en ont marre eux aussi.

Depuis, cela a changé, on ne communique plus. La guerre a repris son cours normal.

Nous sommes de nouveau en réserve pour quatre jours. Quatre jours de tranchée, quatre jours de réserve. Nos quatre jours de tranchée ont été pénibles à cause du froid. Il a gelé dur, moins 9 °C, mais les « boches » nous ont bien laissés tranquilles.

Le jour de Noël, ils nous font signe et font savoir qu'ils veulent nous parler. C'est moi qui me suis rendu à trois ou quatre mètres de la tranchée d'où ils sont sortis au nombre de trois pour parler. Ils me demandent, comme c'est le jour de Noël, qu'on ne tire aucun coup de fusil pendant le jour et la nuit. Eux-mêmes affirment qu'ils ne tireront pas un seul coup. Ils sont fatigués de faire la guerre, disent-ils.

Ils me passent des cigarettes, des cigares. À mon retour, je suis vite dévalisé de mon tabac boche.

Ils tiennent parole. Pas un seul coup de fusil.

On peut travailler aux tranchées, aménager les abris tranquillement.

---

1 K.K. : pain de rationnement allemand (Kleie und Kartoffeln : son et pommes de terre) qui a donné lieu en France à de multiples allusions scatologiques, dans la logique de la dévalorisation de l'ennemi.

Le lendemain, ce n'est plus Noël, notre artillerie leur envoie quelques obus bien sentis en plein dans leur tranchée.

On reçoit l'ordre de les « grignoter [1] ». Le combat commence au point du jour, il dure toute la journée. Je suis très légèrement blessé pour la première fois. Une balle traverse mon sac placé devant moi, me blesse à la main, perce ma capote et m'érafle la poitrine. Je récupère la balle que je mets dans mon porte-monnaie. Le combat continue, un de mes camarades est touché à la jambe. Un lieutenant est tué sur le coup, traversé par une balle.

Vers les 3 heures de l'après-midi, alors que je suis en train de tirer sur l'ennemi, à deux cents mètres de moi, sur la gauche, une mitrailleuse ennemie occupe une tranchée. Les balles pleuvent autour de moi. Pour éviter les balles, je plonge au sol. Une douleur violente me prend au genou, déjà fragilisé par mon accident précédent.

Je fais donc tout mon possible pour me traîner dans un entonnoir. J'ai bien du mal à m'y blottir.

Vers 17 heures, le combat est terminé. Les camarades ont tous battu en retraite. Je reste seul dans mon trou.

Quelle nuit d'enfer !

Moi dans mon trou, les blessés tout autour sans soin et mourant de soif.

Impossible de bouger, à chaque bruit que fait un blessé, la fusillade répond au beau milieu de la nuit, la mitrailleuse balaye le terrain.

1Grignoter : l'expression est attribuée à Joseph Joffre, suite aux critiques de sa stratégie : « je les grignote ».

La soif me torture de plus en plus. J'arrache des poignées d'herbe que je mâche. La nuit s'avance lentement, trop lentement.
J'ai mal.
Enfin, le jour se lève.
C'est le silence.
Je souffre toujours de la soif.
Souvent, je sors la tête hors de mon trou pour voir s'il ne vient pas quelqu'un pour nous ramener.
Toujours rien.
La matinée me semble bien longue. Une nouvelle torture vient s'ajouter aux autres. Depuis le lever du soleil, il fait beaucoup plus doux et les mouches, attirées par l'odeur du sang, viennent se repaître. J'entends des bruits près de moi, je pense à la délivrance.
Non, c'est un blessé qui se traîne pour chercher à boire dans le bidon des morts.
Je veux lever la tête pour voir, mais je ne peux pas, je suis trop faible.
Arrivé près de moi, il se couche, je suis bien content, je ne suis plus seul. Il est blessé au pied et me raconte, il en est encore épouvanté. Malgré sa souffrance, il est content, car il a une bonne blessure[1].
Plusieurs heures passent, puis, enfin, nous entendons des voix.

1Blessure : avoir une « bonne », ou une « fine blessure » suffisamment sérieuse pour permettre d'être évacué du front mais n'impliquant pas de séquelles trop importantes ; en ce sens, elle peut permettre un sort meilleur que la vie dans les tranchées.

Mon camarade se met à genoux, aperçoit plusieurs personnes et les appelle de toutes ses forces. Elles ont entendu et viennent à nous.

Ce sont les infirmiers et les brancardiers, ils portent le brassard Croix rouge. Ça y est, on nous emporte au poste de secours, situé non loin de la zone de combat. Première étape de la chaîne sanitaire, ce poste, Dieu merci, est installé à l'abri du feu de l'ennemi. Je serai en sûreté, ce qui n'est pas évident, car les postes de secours sont souvent très mal situés. La raison en est que leur position est fixée sur le papier par des officiers d'état-major qui ne connaissent pas le terrain.

Au poste de secours, j'ai la réconfortante surprise d'être ausculté par mon frère Albert, médecin-major. Compte tenu de mon état, il m'expédie vers une ambulance divisionnaire. C'est un véritable hôpital dirigé par un médecin chef qui a sous ses ordres des médecins dirigeant chacun un service : réception, « triage » des blessés, opérations urgentes, pansements. Le médecin décide de me transférer vers un l'hôpital d'évacuation. Comme je souffre beaucoup, il me fait une piqûre de morphine.

Le 2 janvier 1915, après quelques jours à l'hôpital et de convalescence, je rejoins mon escouade.

Le 21 janvier, nous sommes dans le secteur de Prunay, puis nous rejoignons la 51e D.I. pour relever le 208e R.I. dans le secteur de Taissy. Une partie du régiment a cantonné à Taissy. L'autre a tenu les tranchées et occupé les abris le long de la voie ferrée. Le village est fréquemment bombardé, surtout la nuit, les hommes occupent les caves et les abris de protection.

Le 23 janvier, le Général Franchet d'Esperey a passé l'inspection des travaux en cours dans le secteur. Le Commandant Compant, promu récemment, a pris le commandement du 6e bataillon. Le Lieutenant-colonel Gueilhers a été nommé au commandement du 243e R. I., en remplacement du Lieutenant-colonel Quiquandon, affecté à un autre poste.

On distribue dans mon régiment la grenade F1 à quelques exemplaires. Fabriquée en fonction des nouvelles conditions de guerre, elle est constituée d'un corps en fonte monobloc fortement quadrillé extérieurement. Chaque extrémité est percée d'une ouverture résultant des nécessités de fabrication. L'ouverture supérieure est filetée pour recevoir le bouchon allumeur et l'ouverture inférieure scellée par une vis bloquée par un coup de pointeau ou par un bouchon de plomb. Le poids total est de 630 grammes, dont soixante de cheddite[1]. Malgré les 38 divisions du quadrillage, l'explosion produit au plus, une dizaine d'éclats qui peuvent être dangereux dans un rayon de 200 mètres. Pour l'instruction, nous recevons des grenades vides, peintes en rouge, équipées de bouchons allumeurs inertes.

Cela va faire six semaines que je suis de retour au front et j'ai, à nouveau, beaucoup de mal à supporter les conditions de vie des tranchées. Je suis épuisé. Je n'en peux plus. Léon me passe un exemplaire de « la

---

[1] Cheddite : explosif à base de chlorate (de potassium, de sodium) et d'un dérivé nitré du toluène (dinitrotoluène)

Roulante », un journal de tranchée, pour m'obliger à penser à autre chose. C'est un journal, laborieusement dactylographié, amoureusement décoré et illustré, avant d'être dupliqué à la gélatine, par les poilus eux-mêmes entre deux montées en lignes, malgré le froid, la pluie et la fatigue qui brouillent la vue et engourdissent les doigts. Publier un journal, c'est pour ces hommes égarés en enfer, oublier un instant la guerre, les poux, les rats, la pluie et la boue. C'est aussi reconquérir leur dignité, lutter contre l'anonymat, vaincre l'oubli et la mort qui rôde. La plupart de ces publications n'ont qu'une vie brève. La mort, l'évacuation ou le déplacement des collaborateurs bénévoles dispersent les équipes de rédaction. La fréquence de parution est très irrégulière, elle dépend des opérations dans le secteur.

J'ai honte vis-à-vis de mes camarades, mais je ne tiens plus debout. Je ne sais pas ce que j'ai. Je m'inscris pour voir le major le lendemain 17 février. Je lui explique la situation et ma première convalescence. Après auscultation, il m'expédie dans un HOE, hôpital d'orientation et d'évacuation, où un des régulateurs sanitaires, chargés de compléter le triage des hôpitaux d'évacuation et de répartir les blessés, m'expédie dans un centre d'hospitalisation à Paris.

Le lendemain, je pars pour la capitale.

À mon arrivée à Paris, une ambulance militaire m'attend pour me conduire à l'hôpital des armées.

XI

RÉFORMÉ DÉFINITIF

Au Val de Grâce, étant donné, mon état général, un médecin-major, me propose pour la réforme.
Le 21 février 1915, à 9 heures, je passe devant le conseil de réforme à l'hôtel des pompiers.
Vers midi, la décision tombe : réformé.
Motif : trop faible et le cœur n'est pas très bon.
La vérité, c'est qu'après les fatigues de mes campagnes, j'ai l'organisme détraqué et qu'il s'est ensuivi une déminéralisation sérieuse faisant craindre une bullose[1] en évolution.
Compte tenu de mon état de santé, je reste hospitalisé.
J'ignore quand je sortirai.
Je suis mal à l'aise d'être entouré de soins ici alors que mes camarades crapahutent dans de difficiles conditions. J'ai donné plus que mes jours au début des hostilités et, si ma volonté ferme d'aller jusqu'au dernier souffle n'avait pas été aidée par les camarades, je serais à l'heure qu'il est malade et prisonnier des Allemands.
Un sergent-major du service Santé, qui connaît bien mon

1Bullose des diabétiques, affection peu courante qui touche les jambes. Les bulles de grande taille se rompent facilement, laissant place à des érosions extensives. Trouble dégénératif du diabète.

frère médecin, me tient informé de la marche de mon bataillon, cela me permet d'être un peu avec eux par la pensée.

Le 22 avril, le 5e bataillon a reçu l'ordre de relever un bataillon du 1er Étranger dans le secteur huit à la Neuvillette- Ferme des Marquises, il alternera avec le 6e bataillon qui va cantonner à Verzenay.

Il m'informe aussi qu'une nouvelle loi récemment votée va obliger tous les réformés à passer à nouveau devant le conseil de révision [1]. Mon moral en prend un coup. Comme pour se justifier, il me dit sans sourciller :

— Les tranchées consomment beaucoup d'hommes, on manque de chair à canon.

En soin, depuis deux mois, je suis à présent bien rétabli et me suis réhabitué à une vie loin du front. La pensée, que, peut-être, je vais devoir y retourner ne m'enchante guère, je l'avoue.

Le 29 avril, je suis convoqué pour me présenter devant les médecins-majors.

J'attends, nerveusement. Cette journée est importante pour moi.

---

1 Les réformés sont les soldats souffrant d'un problème de santé les empêchant de participer au service actif. Les hommes réformés, de manière définitive (réforme n° 2) ou temporaire (réforme n° 1) et quel que soit le motif, avant-guerre ne sont donc pas mobilisés le 2 août 1914. Cela ne veut pas dire qu'ils ne participeront pas au conflit. Les pertes importantes des mois d'août et septembre, cette guerre qui va être plus longue que prévu, tout cela va faire que ces hommes jugés initialement comme impropres au service armé vont souvent se retrouver au front.

Enfin, arrive mon tour. Après m'avoir examiné très attentivement, et, avec application à plusieurs reprises, les majors se concertent à l'écart. Leurs conciliabules s'éternisent. J'ai l'impression qu'ils ne sont pas d'accord sur mon cas. Ils tergiversent, l'armée a tellement besoin d'hommes. Après un temps qui me paraît une éternité, ils reprennent place et me demandent de me lever. Le major chef me fait savoir que mon état général, même si je vais mieux, ne s'est pas, d'après eux, suffisamment amélioré. Aussi, ils me confirment dans la réforme.
Je ne suis qu'à moitié satisfait. D'un côté, j'ai un peu honte de laisser mes camarades continuer sans moi à défendre notre pays, d'un autre, vu mon état je ne suis pas fâché d'en avoir fini et de peut-être revoir les miens.
Trois jours plus tard, le 2 mai, on me délivre un titre de transport ferroviaire de la compagnie des chemins de fer du Nord et mon livret militaire. La première page comporte mes données d'état civil. La deuxième page indique mes dates d'entrée et de passage dans les différents services de l'armée. La quatrième page fait mention de mes campagnes. La mention « *Campagne contre l'Allemagne* » est inscrite, en gras, ainsi que les dates délimitant la période de service. La page cinq fait mention des emplois spéciaux exercés. Les pages sept à dix indiquent l'instruction civile et militaire. Les pages douze à 23 rassemblent les indications réglementaires au sein de l'armée ainsi que les peines encourues en cas de non-respect. Les pages 24 à 31 sont des fiches de changement d'adresse. La dernière page comporte une fiche médicale détachable, elle est frappée

d'un tampon gras sur lequel je peux lire :

> **Réformé définitif n° 2**

Cette fois, ça y est. Pour moi, la guerre, en tant que soldat, est finie, je vais rentrer et retrouver ma femme et mes enfants.
Dès ma sortie de l'hôpital, le 3, je me rends, à pied, à la gare du Nord.
Dans les rues, jamais on ne croirait que nous sommes en guerre.
Je n'en reviens pas. Les magasins sont éclairés, des autos superbes circulent, je croise des femmes chics avec des chapeaux, promenant des petits chiens. Les terrasses des cafés sont bondées d'embusqués avec de belles vareuses en drap fin, des culottes ajustées.
Les seuls signes de la guerre sont ces hommes casqués et sales, en capote fanée et gros souliers, qui errent sur les boulevards.
Un fossé entre les deux groupes semble s'être installé et s'élargir proportionnellement à la durée de la guerre et se manifeste de mille façons. Le front est un royaume de sanguinaires, un royaume d'hommes, incompréhensible par les gens de l'arrière. L'arrière est devenu, surtout, le royaume des femmes.
Aux regards de certains passants, on sent parfois une certaine hostilité à l'égard des soldats, comme si nous étions coupables. Mais coupables de quoi ?
Une fois à la gare, je cherche le quai des trains en partance pour Wimereux.

Voilà, quai numéro 8 : Paris, Amiens, Abbeville, Boulogne. Départ 14 heures.

Le train est presque vide. Il faut dire que peu de gens ont envie de se rendre, sauf obligation, dans une zone aussi proche du front. Le voyage se passe sans encombre.

Le soir, à mon arrivée à Wimereux, inutile de vous dire la joie des miens de me retrouver, certes affaibli, mais en vie. Toutes les familles n'ont pas cette chance.

Je ne suis plus dans la bataille et d'une certaine manière je le regrette. J'ai éprouvé des sensations sublimes en parcourant ce sol français reconquis derrière les « alboches » en fuite. Mais, je n'irai pas à Berlin.

Quelle déception !

La vie est ainsi faite, je dois en prendre mon parti. Le front est l'antichambre de la mort, or, même dans un triste état, j'en suis sorti vivant. Je ne dois pas me plaindre, d'autres n'ont pas eu cette chance.

Ce n'est que bien plus tard que j'apprendrai, incidemment, la suppression du 243e R.I, en juin 1916.

XII
RÉFLEXIONS PERSONNELLES

Une page se tourne et je mets à profit mes jours de convalescence pour réfléchir sur ces premiers mois de guerre. Cette guerre que pas un seul homme politique n'avait été suffisamment clairvoyant pour comprendre qu'elle signifierait le suicide de l'Europe. Pas un seul homme d'État n'a fait preuve de l'intelligence indispensable pour contraindre cette catastrophe. Pis, le développement du sentiment nationaliste nous avait préparés à l'idée de la nécessité de la guerre.

Ces mois de guerre qui m'ont ouvert les yeux sur les points faibles auxquels l'État-major a remédié, par la suite, dans la mesure du possible.
Ce qui m'a frappé ou étonné au cours de ces quelques mois passés au front concerne l'organisation, l'alimentation et l'équipement de notre armée.
- À propos de l'organisation, il y a beaucoup à dire.

Les fantassins marchent trop à découvert et ne profitent pas assez des accidents de terrain pour se protéger. Leur mobilité est freinée par la lourdeur des sacs. Ils avancent braves et insouciants du danger alors que les Allemands se retranchent bien mieux. Ils chargent à la baïonnette à 600 ou 700 mètres de l'ennemi, c'est bien trop loin, bien des hommes n'ont pas survécu. Le souffle et les forces manquent pour frapper l'ennemi et le poursuivre s'il le faut.

Les artilleurs se sont plaints maintes fois que nous avancions trop vite, ils n'avaient pas le temps de faire du bon travail et devaient souvent, cesser leur feu, de peur de nous atteindre. La responsabilité de tout ceci revient aux officiers qui ne savent pas ce qu'est la guerre et qui, tellement avides de gloire, ils ne mesurent pas la portée et les conséquences de leurs ordres.

Notre artillerie est merveilleuse, elle nous a, bien souvent, sauvés dans de mauvaises situations. Si nos « 75 » sont la terreur des « boches ». Nos avions aussi sont en nombre insuffisant. Cela nous déchirait le cœur d'être continuellement survolés par les « aéros » ennemis. Insuffisance aussi, de nos mitrailleuses par bataillon, sans oublier, leur transport à dos de mule, trop lent et n'offrant pas assez de sécurité. Il suffit qu'une mule soit blessée pour que la mitrailleuse reste en rade.

Les mitrailleuses allemandes, par contre, sont, en partie, montées sur roues et tirées par des chevaux que les hommes peuvent remplacer s'ils sont mis hors de combat, mais la grande majorité est montée sur automobiles.

Lors des assauts j'ai également été étonné de la manière dont les Allemands utilisent leur fusil, ils ne visent pas. Ils avancent, ils tirent sans même épauler. Ils voient au loin une masse noire, nous, et ils tirent dans le tas. Si la précision du tir n'est pas efficace, du moins, leurs balles font nombre et tuent. Il faut reconnaître que la plupart du temps on n'a pas la possibilité de viser. C'est la méthode allemande, et, à mon avis, elle explique leur avancée foudroyante : tirer le plus possible de balles pour intimider l'ennemi.

L'armée auxiliaire, pour sa part, est très mal organisée et les hommes y possèdent trop d'avantages. Ce sont des « embusqués » qui ont obtenu leur position privilégiée par de l'argent et/ou des relations. Ils devraient faire deux mois de service actif pour savoir un peu ce qu'est le régiment. Dès la mobilisation, ils devraient rejoindre comme les autres les ateliers désignés. Ceux, dont les métiers ne peuvent servir à l'armée, devraient être employés comme brancardiers, ordonnances, conducteurs, pionniers, bureaucrates, pour l'intendance, le ravitaillement, etc. Ceci forcerait tous ces planqués à marcher dans le rang et donnerait plus de combattants.

Cette guerre ne distingue, ni n'élève personne parmi ceux qui risquent leur vie à chaque instant. C'est pourquoi les emplois sont généralement plus recherchés que les grades. Un cuisinier détient une meilleure place qu'un chef de bataillon, dans un grand nombre de cas, et un commandant de compagnie peut envier un secrétaire de colonel. Un homme qui part de la division est considéré comme sauvé définitivement. Certes, il peut être tué, mais accidentellement, par fatalité. L'objectif, pour le soldat, est de s'éloigner des lignes du front, « du créneau ». On s'éloigne, on s'abrite un peu, en devenant téléphoniste, signalisateur, colombophile, cycliste, observateur, secrétaire, cuisinier, interprète, brancardier, agent de liaison, etc. Tous ceux-là sont considérés comme des embusqués. Dès que l'on quitte la première ligne on appartient à la catégorie des embusqués, dont les ramifications s'étendent jusqu'au ministère de la Guerre et au GQG.

Il y a aussi des « officiers embusqués » qui s'engraissent à l'arrière. Ils devraient être remplacés par des officiers auxiliaires, gens instruits, que quelques périodes d'instruction auraient initiés à leur travail en temps de guerre.

Le service sanitaire a fait aussi son apprentissage pendant les deux premiers mois et il n'a pas toujours été à la hauteur de la tâche. On n'a pas assez mesuré l'importance des chirurgiens et des dentistes. Chaque bataillon devrait être pourvu d'un bon dentiste qui opérerait avec ses propres outils réquisitionnés par l'armée, et non d'arracheurs de dents qui ont une pince comme seul et unique outil.

- À propos de l'alimentation, le ravitaillement en viande ne s'est pas trop bien fait. Les voitures arrivant très tard, les hommes fatigués n'ont plus la force d'attendre qu'elle soit cuite, et préfèrent se coucher et s'en passer. Pourtant, la viande est belle, bonne et la ration bien suffisante.

On devrait toucher du chocolat et du fromage, deux aliments très nourrissants qui font manger beaucoup de pain. Le sucre, le sel et le café devraient, chaque jour, être distribués en paquets préparés et par escouade. Cela simplifierait bien les choses, ferait gagner du temps et l'on ne verrait pas ces aliments traîner dans des musettes sales, dans des gamelles graisseuses, des sacs dégoûtants et même dans des képis.

Le riz n'est pas nécessaire, les hommes le jettent presque

toujours, car il faut du lait et du sucre que nous n'avons pas. Les pommes de terre sont indispensables, de même, que les haricots, dont la quantité n'est pas suffisante. Concernant l'équipement, le sac est très utile et indispensable. La musette pourrait être plus grande et en toile plus épaisse, car, quand il pleut, les aliments sont mouillés. Le petit goulot du bidon ne sert à rien du tout. La boucle du ceinturon pourrait être perfectionnée, car, au pas de course, elle se défait très souvent. La capote est bien, sauf le col qui n'offre aucune garantie en cas de pluie, le cou n'est pas préservé et l'eau coule dans le dos. La capote devrait avoir moins de boutons, quand ils sont décousus, on n'a pas le temps de les recoudre et, encore, faudrait-il en avoir pour les remplacer, donc, on a vite l'air déguenillé. Il manque une grande poche à l'intérieur de la capote pour le livret militaire et les lettres précieuses que l'on veut garder. Le képi est agréable à porter, sauf quand il pleut très fort, car il ne protège pas suffisamment.

Je ne le répéterai jamais assez, nos soldats sont des braves, ils peuvent tous être considérés comme des héros, s'ils sont conduits par des officiers qui font leur devoir, mais beaucoup d'entre nous n'ont pas survécu à ce premier été. Un soldat sur six a trouvé la mort au front. Souvent les fantassins sont considérés comme des P.C.D.F.[1]. Même si la position d'embusqué n'est pas bien

---

1 PCDF : abréviation de « Pauvre Couillon/Con du Front » désignant les fantassins. Elle est employée au cours de la guerre par les combattants eux-mêmes et dénonce implicitement les « embusqués » qui arrivent à échapper au front et au danger.

vue, il ne faut pas oublier toutefois que l'ambition de tous les hommes est de quitter l'escouade. Être soldat d'escouade est le poste le plus dangereux auquel on peut être affecté, c'est pour les soldats le « dernier des postes ». Pour y échapper, il n'y a que deux moyens, obtenir un emploi ou un grade. Si on décroche un emploi, on est considéré comme pistonné et, pour ce qui est du grade, cela implique d'être affecté à une unité d'attaque dont les cadres sont vite décimés, les grades subalternes le sont tout aussi rapidement. Dans ces unités, on a compté plus de 140 000 morts en cinq jours, au cours du premier mois de guerre et 27 000 morts, pour la seule journée du 22 août 1914, le jour le plus meurtrier.

Voilà j'ai dit ce que j'avais sur le cœur et qui me pesait.

Cette période de repos m'a remis à peu près sur pied. Je vais mieux à présent. Je peux vaquer sans problème et ne ressens pratiquement plus de fatigue. Mais je prends très vite conscience que si la vie au front était cauchemardesque et je peux le confirmer, la situation, dans le Nord, dans la *« zone envahie »* comme l'on dit, sans atteindre les horreurs du front, n'est guère réconfortante.

Des amis, venus me rendre visite pendant ma convalescence, m'avaient informé de la gravité de la situation dans laquelle se trouvait Roubaix. Ne pouvant rester plus longtemps ici sans rien faire, je décide de m'y rendre. Après avoir longuement discuté avec Adèle, il a été décidé qu'elle resterait ici avec les enfants et que, moi, je rentrerais à Roubaix. Je pris le prétexte que l'on ne pouvait pas laisser notre maison plus longtemps sans y faire acte de présence. C'était, en partie vrai, mais j'avais une autre idée en tête et il était inutile d'inquiéter ma femme avec ça.

Se rendre en « *zone envahie* » n'est pas une chose facile. L'occupant a plutôt tendance à expulser les autochtones qu'à les accueillir. Cent trente kilomètres me séparent de Roubaix. Il me faudra user de mille stratagèmes pour éviter les patrouilles allemandes et utiliser divers moyens de transport, allant du tombereau au vélo, en passant, surtout, par la marche pour arriver à destination.

À la mi-mai, je suis à Roubaix. Dès mon arrivée, je peux me rendre compte que la situation est effectivement mauvaise, mais j'étais loin de m'imaginer que c'était à ce point-là, que les actes barbares commis par Allemands, depuis leur arrivée en octobre 1914, avaient pu frapper autant les opinions.

XIII

À L'ARRIÈRE
(1914-1919)

LA SITUATION

Tout avait commencé, début octobre 1914. Le Major Gesleer Hoffmann, à la tête du 165e régiment d'infanterie bavarois, était entré dans Lille/Roubaix[1] et transformait la ville en garnison. Le Major réquisitionna l'hôtel de ville où il installa la Kommandantur. De son domicile, au 131, boulevard de Paris, d'où il ne se sortait jamais, sauf pour assister aux funérailles de son fils, mort au combat en novembre 1914, il fait régner la terreur. Avec une centaine de soldats et les « diables verts » de la gendarmerie, il va piller et détruire Lille/Roubaix. Notre ville dut immédiatement fournir douze otages parmi lesquels le maire, Jean Lebas, libéré le lendemain.

1Il s'ensuit l'occupation d'une partie de notre territoire. Les Ardennes sont entièrement occupées et huit autres départements le sont partiellement, l'Aisne, l'Oise, la Somme, le Pas-de-Calais, les Vosges, la Meurthe-et-Moselle, la Meuse et la Marne.

ROUBAISIENNES, ROUBAISIENS,

On nous annonce l'arrivée prochaine des Allemands à Roubaix.

Si cela se produit, l'**Administration Municipale** vous recommande, dans l'intérêt de notre ville, de ne pas vous effrayer.

Conservez votre calme.
Ne manifestez pas.
Restez chez vous.
Allez simplement à vos affaires.
Ne commettez aucun acte qui pourrait servir de prétexte à des représailles terribles.
Si jamais un individu se livrait à un acte contre un soldat allemand, dans les circonstances présentes ce serait une folie criminelle.
Un fait de ce genre ne pourrait être que l'œuvre d'un agent provocateur.
Cela ne se produira pas à Roubaix.

Nous comptons absolument que la population roubaisienne donnera un bel exemple de calme et conservera tout son sang-froid.

Pour l'Administration Municipale :
J. LEBAS.

Le 7 mars 1915, Jean Lebas est à nouveau arrêté pour avoir refusé de livrer, au Major Hoffmann, de jeunes gens valides destinés à être envoyés comme travailleurs de force en Allemagne pour remplacer la main-d'œuvre allemande mobilisable.

Trois mois plus tard, le 7 juin, il est déporté en Allemagne, à Rastatt, où il restera jusqu'en janvier 1916. Les Allemands le libèrent, en France non occupée, pour cause de maladie.

Je vais vivre, à présent, dans cette *« zone envahie »*, une autre forme de la guerre. Je suis coupé du reste de la France, privé de toute information. Les appareils téléphoniques ont été confisqués. Des ordres sont donnés aux propriétaires de pigeons de les exterminer, car ils sont considérés comme des armes. Les correspondances sont totalement interdites, je n'aurai plus aucune nouvelle ni de ma famille, ni de mes frères jusqu'à la fin de la guerre.

Personne ne connaît donc précisément le déroulement des opérations militaires. Toutefois, considérés comme zone ennemie, nous subissons l'occupation, mais également, les conséquences des bombardements, qui contraignent certains à vivre dans les caves.

Les Allemands ont procédé à la réorganisation et à la germanisation de la ville.

Les tramways sont interdits. La ville, étant située, à vingt kilomètres du front, les hôpitaux et les écoles sont réquisitionnés. Les lieux les plus divers, tels que, les cinémas servent de prisons, les locaux d'un négociant en tissus, situé 15 rue de l'hospice et ceux des établissements Vernier, rue de la Fosse aux Chênes, sont réservés aux femmes. La salle des fêtes, est convertie en maison cellulaire pour les civils et les militaires. Les bains municipaux sont aménagés en prison centrale. Le bassin, vidé de son eau, sert de grande cellule, et les baignoires et les cabinets de toilette sont enlevés pour servir de cellules aveugles. Dans ces prisons, les prisonniers dorment pêle-mêle, sur des matelas, dans un air saturé par l'odeur du chlore qui imprègne les vêtements. Il ne se passe pas un jour sans voir déambuler un long cortège d'hommes, de femmes et d'enfants, victimes des rafles, se dirigeant vers les bains municipaux.

Le nom des rues a été modifié.

L'heure allemande est imposée, deux heures de plus que l'heure française.

Des portraits de l'empereur sont accrochés un peu partout.

Des fêtes allemandes sont organisées et la presse interdite.

Les interdictions, par voie d'affiche, se multiplient. Par exemple, celle de rentrer en contact avec les prisonniers de guerre exhibés lors de défilés, ou la limitation des déplacements de commune à commune, sans laissez-passer, impossible de circuler.

L'administration militaire allemande, la principale interlocutrice avec la municipalité et le seul échelon administratif français encore en fonction, est représentée par la Kommandantur. Elle a pour préoccupations essentielles, la réquisition du travail, celle du potentiel industriel, financier et agricole pour soutenir leur machine de guerre dans les territoires occupés.

Systématiquement, et au mépris des « lois de la guerre », les Allemands utilisent le travail forcé d'hommes, de femmes et d'adolescents des deux sexes pour réparer les infrastructures et, souvent, pour l'entretien des systèmes de tranchées.

Depuis le mois d'avril, elle impose aux industries encore en fonction, la fabrication de vêtements et de sacs de tranchées pour leurs soldats. Quand les ouvriers apprirent l'objectif de cette production, des incidents graves éclatèrent dans les usines. 5 000 sacs, consignés de la boulangerie coopérative l'Union, furent enterrés ou brûlés. Le 30 avril, les ouvriers de l'usine Selliez, dans le quartier de l'Épeule, cessent la fabrication des sacs de jute. Quand le Major Hoffmann est informé de cette situation, il ordonne à Eugène Motte[1], de faire reprendre le travail au nom de la participation à l'effort de guerre allemand, il lui fait répondre :

— *« Informés de l'usage que vous faites de nos tissus, nous ne pouvons accepter le rôle de collaborateur de l'ennemi. Vous pouvez réquisitionner nos biens, vous ne pouvez réquisitionner nos personnes. Notre conscience de Français s'y refuse. »*

La réponse du Major ne se fait pas attendre, Eugène Motte est arrêté quelles heures plus tard et emprisonné aux bains, avant d'être déporté à Güstrow[2], en Allemagne

---

1 À la tête d'un empire industriel, Eugène Motte député du nord de 1898 à 1906, maire de Roubaix de 1902 à 1912, a été aussi le président de la chambre de commerce de Roubaix-Tourcoing pendant 28 ans.

2 Güstrow est une ville du Grand-duché de Mecklembourg située dans le nord-est de l'Allemagne (aujourd'hui dans le Land occidental du Mecklembourg — Poméranie.

avec cent cinquante autres otages.

L'administration allemande contrôle, depuis octobre 1914, les mines, la sidérurgie et le textile du département. Les Allemands tirent le maximum de ressources, pour assurer l'entretien des troupes et envoient des biens en Allemagne, où se font sentir les conséquences économiques du blocus. Une bonne partie des machines-outils des usines les plus modernes sont démontées et transférées en Allemagne, ce qui n'est pas transportable est détruit. Le reste est utilisé sur droit de réquisition.

L'administration allemande nous astreint, aussi, à d'importantes contributions financières. Le 6 août, les Allemands demandent que les grandes communes contractent un emprunt de 16 millions pour le compte des 188 communes détaillées par le Haut Commandement allemand.

Dans les campagnes, la situation n'est guère meilleure. Les Allemands ont confisqué une grande partie du cheptel. La plus importante doit servir pour le transport à l'arrière du front, le reste à nourrir leurs soldats. Ces prélèvements, posent de sévères problèmes aux agriculteurs, problèmes d'autant plus ardus, que joints à la mobilisation des hommes pour la guerre et les réquisitions allemandes de la main-d'œuvre, l'essentiel de l'effort de production repose désormais sur une population de personnes âgées, de femmes et d'enfants. Les autorités allemandes ont mis en place une politique agricole, à savoir qu'une bonne partie de la production alimentaire est réquisitionnée pour l'usage local des troupes ou pour être expédiée en Allemagne. La

conséquence de cette politique a fait réapparaître le troc dans nos campagnes.
Les pillages et l'affaiblissement de la force de travail ont des conséquences dramatiques. Les pénuries et les cas de sous-nutrition, apparus dès la fin de 1914, et au début de 1915, deviennent de plus en plus fréquents au fur et à mesure du déroulement de la guerre.
La mise en place, à partir du printemps 1915, par la « *Commission for Relief in Belgium* » du comité d'alimentation pour le nord de la France, nous a permis d'échapper à la famine, mais les denrées vendues sur les marchés sont rares et d'un prix inaccessible.
Des maladies de carence se développent, provoquant une augmentation de la mortalité.
La vie quotidienne est donc particulièrement éprouvante. Comme si cela ne suffisait pas, nous sommes en butte à des mesures vexatoires. Pratiquement tous les Roubaisiens ont, un jour, vu débarquer chez eux, quatre ou cinq soldats, sous les ordres d'un chef. Une fois la porte franchie, méthodiquement, avec une pratique bien rodée, ils se partagent le travail. Avant même que les maîtres des lieux aient pu réagir, les uns montent au grenier, les autres au premier étage, d'autres explorent le rez-de-chaussée et la cave. Il est impossible de les suivre dans cette besogne, ils sont trop nombreux. La maison est à leur merci, et bien des choses, en cuivre ou en métal, disparaissent. En moins d'une demi-heure, les barres d'escalier, les plaques des portes, la batterie de cuisine, les chaudières, les pendules, les œuvres d'art en cuivre ciselé et en bronze, les lampes, les chandeliers, tous les appareils d'éclairage non indispensables sont enlevés.

Toutes les armoires sont ouvertes, les tiroirs vidés, renversés.
Les particuliers ne sont pas les seuls concernés par ces actes de vandalisme. Les établissements publics le sont également. Dans les cafés, ils prennent les pompes à bière, la tuyauterie, les mesures d'étain, un épicier s'est vu enlever les plateaux de sa balance et ses poids en cuivre. Avant de partir, ils prennent bien soin d'interroger les tenanciers pour leur demander s'il n'y a rien de caché. Ils menacent d'envoyer les gendarmes inspecter l'immeuble, pour vérifier que rien ne leur a échappé. Ils ne s'arrêtent devant aucune supplication, même les chambres des malades sont visitées. Leur besogne faite, ils se dirigent vers l'immeuble suivant dans un cliquetis lugubre, protestation inconsciente de ces objets que l'on heurte, emporte, bouscule, leur contestation se confondant en un cri analogue à celui des Roubaisiens, faisant ensemble l'ascension du même calvaire, dans la même espérance, dans la même foi de la victoire, un jour.
Après leur passage, ce n'est que désolation. Un peu partout gisent, dans la rue, des rideaux, des chaussures, du linge… À voir tous vos biens, vos souvenirs, là, en tas informe, comme de vulgaires ordures, cela fait très mal. Pour qui le comprend, ces objets ont une âme, pour les boches, ils ne sont que matière qui coulera dans le même creuset, celui de la guerre. Oh, bien sûr, vous pouvez faire une demande au dépôt des réquisitions pour récupérer un objet auquel vous tenez particulièrement. Pour cela, on vous remet une fiche, avec un numéro correspondant à celui du paquet qu'ils emportent. Mais il

est illusoire d'espérer les retrouver, car sitôt dans la rue, vos chers objets sont confondus dans une masse d'autres où ils sont pressés, froissés, heurtés.

Ainsi dépouillé, chacun souffre dans son âme et dans sa chair. Mais on souffre dignement, forçant l'admiration de l'ennemi, qui ne peut vaincre, ni notre fidélité, ni notre courage. C'est notre façon à nous, les Ch'tis, de combattre, perdus, noyés dans cette masse militaire teutonne, qui se rit de nos malheurs et des tortures qu'elle nous inflige. Mais cela ne leur suffit toujours pas. Des visites sanitaires pour les femmes, toutes classes sociales confondues, sont mises en place.

En réaction à tous ces outrages, ces avanies, les relations avec l'occupant prennent des formes variées.

Certains choisissent l'indifférence à l'égard de l'occupant. D'autres, depuis l'hiver 1914, ont opté pour une résistance plus active. Firmin Dubar a formé avec des amis, Joseph Willot et l'abbé Pinte, un comité de résistance, dont le siège est situé à son domicile, 63, rue du Curoir. Son domicile a l'avantage de pouvoir communiquer avec l'immeuble voisin, au 61, ce qui est salutaire en cas de perquisition.

Des réseaux de renseignements et d'évasion sont organisés au profit des Alliés. Le « Réseau Alice » est le plus expérimenté. L'une de ses membres est connue sous le nom de « Charlotte [1] ». Sa fonction d'infirmière à la Croix rouge lui permet d'être ce qu'on appelle une

---

1 De son vrai nom Marie Léonie Vanhoutte. Piégée, elle est arrêtée à Bruxelles le 24.09.1915. Elle est condamnée à mort le 15.03.1916. Sa peine sera commuée à quinze ans de travaux forcés.

« passeuse ». Elle conduit des soldats français ou britanniques vers la Belgique et la Hollande. Elle profite également de ces déplacements pour transmettre vers Folkestone des messages codés, cachés dans l'ourlet de sa veste ou le talon de ses chaussures.

Enfin, il y a ceux qui, au contraire, cherchent à se rapprocher de l'occupant, nouant avec lui des relations amicales, voire amoureuses. Des femmes consentent à avoir des relations intimes avec des soldats ennemis et des enfants naturels naissent. Des Roubaisiens, très minoritaires, il faut le dire, optent pour une véritable collaboration. Ils trafiquent pour les Allemands, dénoncent leurs compatriotes ou écrivent dans « *La Gazette des Ardennes* », fondée en octobre 1914, elle est devenue un redoutable outil de propagande allemande. Bien que contrôlées par les Allemands, les informations qu'elle répand sont précieuses pour ceux qui savent lire entre les lignes.

Ce journal a commencé à être publié, le 1er novembre 1914. Dans ses pages, on trouve les noms des prisonniers civils et militaires retenus par l'autorité allemande, et ceux des prisonniers morts en captivité, ainsi les lecteurs sont renseignés sur le sort de leurs parents combattant dans l'armée française. Avec habileté et sentimentalisme, le journal déplore la guerre et célèbre l'autorité allemande présentée comme agissant dans notre intérêt.

Pour saper notre moral, les rédacteurs reprennent des articles de la presse parisienne, considérés, selon eux, comme antipatriotiques. Ils nous décrivent comme étant favorables aux Allemands et très hostiles à l'égard des Britanniques et des Russes. Ce qui est insoutenable et porte atteinte à notre honneur.

Les autorités allemandes assurent la diffusion du journal et forcent les communes à en acheter une quantité proportionnelle au nombre d'habitants. L'influence de ce torchon est grande auprès de la population. Même si les habitants se méfient de ces écrits, il leur est difficile de lutter contre les insinuations ou les raisonnements hypocrites, comme lorsque le journal justifie les actes violents des Allemands en précisant que « *ces derniers sont navrés, mais qu'ils ne pouvaient faire autrement.* » D'autre part, les journaux français étant interdits, il est l'une des rares sources de nouvelles accessibles.

XIV

CONTINUER LA LUTTE

En juin 1915, je reçois l'ordre de me présenter à la kommandantur. Cela ne me rassure guère, mais je n'ai pas le choix. En fin de matinée, je ressors rassuré. J'ai été convoqué, comme tous ceux qui ont combattu ou porté l'uniforme, pour recensement.
C'est, ce jour-là, que je suis abordé par François Roussel, mon compagnon de marche au front. Lui aussi a été réformé. Après avoir célébré nos retrouvailles dans un café, et pris de nos nouvelles, il me demande de l'accompagner au parc Barbieux. Surpris du mystère de cette invite et n'ayant rien de mieux à faire, je le suis. Pendant le trajet il ne m'adresse pas une seule fois la parole. Je commence à me poser des questions.
N'aurait-il pas perdu la tête ?
Est-ce la raison de sa réforme ?
Une fois arrivé sur les lieux, il m'entraîne derrière un bosquet et là, à voix basse, il me dit :
— Je t'ai amené ici, car je voulais te parler sans témoins. Il faut être très prudent, car les murs ont des oreilles.
J'ouvre de grands yeux et le regarde d'un air surpris et peut-être aussi un peu stupide.
— Écoute-moi bien et tout ce que je vais te dire doit

rester secret. Je sais que je peux te faire confiance. Tu t'es déjà rendu compte de la situation, je pense. Les boches ne sont pas plus tendres avec les civils qu'avec les militaires. Je ne peux plus combattre au front, mais j'ai décidé de continuer le combat autrement. J'appartiens à un réseau de résistance et nos effectifs pour le moment ne sont pas au plus haut.
Je te connais, tu ne vas pas rester sans réagir ?
Je me trompe ?
— C'est vrai, j'ai pensé agir, mais je ne sais pas trop comment.
— Eh bien, si tu le désires, c'est avec joie qu'on serait heureux de t'accueillir dans notre groupe. Tu n'es pas obligé de me répondre tout de suite. Réfléchis-y tranquillement avant de me donner une réponse.
Et sans plus attendre, il se remet en marche, me plantant là, sur place. Cette situation ne m'est plus supportable, je ne peux rester là sans rien faire. Puisque je ne peux plus combattre aux armées, je me décide à poursuivre la guerre et à m'engager, au plus vite, dans la résistance avec conviction.
Pas question de rester passif, après ce que j'ai vécu au front et ce que je vois ici.
Je suis obligé de courir un peu pour le rattraper. Je l'arrête dans notre marche :
— Il faut que je t'avoue que cette idée m'était déjà venue. Aussi j'accepte, sans délai, ta proposition.
Avant de se séparer, il me demande :
— Donne-moi ton adresse, je te tiendrai au courant.
Je sors mon carnet pour la lui noter, lorsqu'il m'a m'arrête d'un geste,

— Non, il faut prendre tout de suite les bonnes habitudes, jamais d'écrits tout oralement. Les écrits restent, les paroles s'envolent, comme l'on dit, et puis cela fera travailler ta mémoire. Elle a dû se rouiller depuis, non ? Me dit-il en partant dans un éclat de rire que je reconnais bien.

Après cette rencontre, je suis sans nouvelle de lui jusqu'en septembre 1915. J'avais fini par croire qu'il m'avait oublié, ou allez savoir, dans ce climat de suspicions, qu'il avait été dénoncé aux autorités allemandes, comme résistant potentiel. Dans ces périodes troubles, il faut se méfier de tout et de tous, même de ceux que l'on croit connaître et bien souvent, surtout de ceux-là.

Le 4 septembre au matin, je trouve un petit mot dans ma boîte aux lettres. Il est écrit : parc Barbieux, sans autre commentaire. Dans un premier temps, ce message me laisse perplexe, une blague, un piège, allez savoir, on s'attend à tout avec les boches. Puis, en réfléchissant, ma conversation avec Roussel me revient en mémoire. Dès lors, le message devient clair. Je m'y rends sans plus attendre.

M'attendant à y rencontrer mon ami, je suis surpris de n'y trouver personne. Me serais-je trompé sur le sens du billet ? Peut-être, n'est-ce pas la bonne heure ?

Je décide de flâner dans les allées comme si de rien n'était, je verrai bien. Je me dis que si d'ici, disons, une heure, je ne le trouve pas, c'est que je n'ai rien compris au message.

Au bout d'une demi-heure, je suis abordé par un homme que je ne connais pas, ce qui me met sur la défensive.

Aurais-je été dénoncé ?
La résistance n'est pas une activité facile, ni sans dangers, en raison des réactions brutales de la part des autorités allemandes. La veille, treize otages ont été internés à Güstrow.
Devant ma réaction il me rassure et se présente.
Rassurez-vous, tout va bien. Je m'appelle Willot, Joseph Willot, et je suis pharmacien de mon état. C'est bien François qui vous a fait parvenir le message. Je ne vous ai pas abordé immédiatement, car je voulais m'assurer que vous n'aviez pas été suivi. On n'est jamais assez prudent, vous savez.

Il me faut, avant de poursuivre, vous présenter Joseph Willot, un personnage hors du commun, qui deviendra un ami. Il est né à Roubaix, le 25 novembre 1876, et obtient, en juillet 1900, le diplôme de pharmacien de 1re classe et celui de licencié ès sciences chimiques. La même année, il fonde à Roubaix une officine avec vastes laboratoires de chimie et de bactériologie. En 1905, il soutient, à Paris, une thèse de doctorat de l'université et est nommé chargé de cours de pharmacie à l'université catholique de Lille.
Le 2 août 1914, il est mobilisé comme pharmacien aide-major de 1re classe et nommé pharmacien d'un hôpital de la Croix-Rouge à Lille. Dès leur entrée à Lille, les Allemands prirent possession de tous les hôpitaux de la ville, congédiant le personnel et s'appropriant le matériel. Il s'adonna alors, à son laboratoire, mais la pharmacie ne suffisait pas à son dévouement. La presse étant contrôlée

par l'ennemi, déformant en sa faveur les nouvelles des armées pour démoraliser la population, il décide donc de créer un journal clandestin pour rectifier l'information et encourager les Roubaisiens à la résistance.

Il commença alors à imprimer, à l'intention de ses amis lillois, des télégrammes français captés par un de ses amis, l'abbé Pinte.

Voilà encore un homme d'exception qu'il m'a été donné de connaître. L'abbé Pinte, était professeur à l'Institut Technique roubaisien, où il formait, avant-guerre, de nombreux futurs chefs d'industrie. Il avait réussi à fabriquer, au nez et à la barbe des boches, un poste TSF. Habitué à prendre les informations de presse émises depuis la tour Eiffel, il captait, aussi, les informations venant du front afin de contrer la propagande allemande. Il cachait son matériel dans son appartement et connectait son antenne à la ligne privée de l'Institut. Il perfectionna son dispositif, pour capter la station anglaise de Poldhu[1]. Avec l'abbé Willot, il fonde en février 1915, un journal, « Le journal des Occupés... Inoccupés ». Pour des raisons de sécurité, la publication est parfois suspendue et le nom du journal change souvent. Il devient « *La Patience* » qui fera place, plus tard, à « *La Voix de La Patrie* », puis, après de nombreuses difficultés, à « *L'Oiseau de France* », nom, sous lequel, il restera le

---

1 Poldhu est une petite zone du sud de la Cornouaille, en Angleterre, située sur la péninsule de Lizard. Le site est célèbre pour être le lieu où de la station sans fil Poldhu, Guglielmo Marconi a lancé un message transatlantique le 12 décembre 1901. L'émetteur avait une puissance d'environ 13 kW et une longueur d'onde estimée à 170 mètres.

plus connu. D'abord hebdomadaires, puis quotidiens, ces journaux sont nourris par les informations obtenues par l'Abbé et ils sont distribués le plus souvent par Willot lui-même. C'est environ un millier d'exemplaires qui seront distribués chaque jour à Roubaix.

Mais revenons au parc Barbieux et à ma rencontre avec Willot.
— François m'a parlé de vous. Vous étiez son caporal au front, c'est bien cela ?
— Oui, c'est exact.
— Il m'a dit que je pouvais vous faire une totale confiance. Alors, je vais être direct, vous savez, m'a-t-il dit, tenir la plume à l'occasion. Voilà, j'ai installé une imprimerie pour réaliser mes étiquettes pharmaceutiques sous mon laboratoire. Mais, ce matériel sert en réalité à imprimer un journal clandestin que vous connaissez peut-être ?
— C'est qu'il y en a plusieurs, dis-je prudemment.
— Il s'agit de « L'Oiseau de France ». Jusqu'à présent, on était assez de trois pour rédiger et diffuser le journal. Mais la charge devient lourde, on a donc besoin d'aide. Si l'aventure vous tente, soyez des nôtres, rejoignez-nous.
— Je suis partant, dis-je, sans hésiter.
— Vous êtes sûr de vous ? Je me doute que sur le front la vie était plus dangereuse, mais j'aime autant vous prévenir, si vous nous rejoignez, ici aussi, il y a des risques.
— Je m'en doute, mais le danger, au front, j'ai eu le

temps de le côtoyer à chaque instant. Alors, pourquoi pas une fois plus ? Et puis, je ne peux pas rester là, sans rien faire.

— Parfait. Vous n'imaginez pas à quel point j'en suis ravi. Bon, ne restons pas plus longtemps ensemble, cela pourrait paraître suspect. On vous attend vendredi soir, à 20 heures, rue du Vieil Abreuvoir.

— Quel numéro ?

Avec un sourire, il ajoute,

Vous ne pouvez pas vous tromper, il n'y a qu'une seule pharmacie dans la rue.

Le vendredi, à l'heure dite, je me rends au rendez-vous. Dans le sous-sol de la pharmacie, je découvre l'imprimerie clandestine et fais la connaissance des compagnons du pharmacien. Il y a là Firmin Duhar et l'abbé Pinte. François n'y est pas. Je demande où il se trouve,

— Ne vous inquiétez pas, il est en mission, me répond Willot, je ne vous en dirai pas plus, car dans notre condition, moins on en sait sur les autres, mieux cela vaut.

Quelques jours après mon entrée dans la clandestinité, les Allemands, pour bien montrer notre subordination obligent tous les hommes de plus de douze ans, c'était quatorze ans auparavant, à saluer tous les officiers allemands sous peine de prison.

Puis, le mois suivant, l'interdiction nous est faite, de ramasser les fraises, les framboises et autres fruits sauvages. Enfin, de nombreux bureaux de change apparaissent, afin de nous dépouiller des valeurs que nous possédons. Une ordonnance est publiée le

14 octobre 1915 stipulant que toute personne atteinte de typhus est tenue de se faire déclarer sous peine de 3 ans de prison.

Le 30 octobre, ce sont tous les hommes de 18 à 48 ans qui doivent se présenter le premier et le troisième lundi de chaque mois aux autorités de l'armée allemande pour se faire recenser.

À la fin de l'année, les hommes de 18 à 48 ans ne leur suffisent plus, à présent, ce sont les hommes de quatorze à 50 ans qui doivent se faire recenser. Les deux fois, avec mes compagnons nous refusons de nous y rendre.

Jusqu'où sont-ils capables d'aller pour nous bafouer ?

À partir de 1916, l'occupation est de plus en plus durement ressentie, car la pression allemande s'est fortement accrue, vraisemblablement, à mesure que se font sentir les effets du blocus naval allié. Beaucoup d'habitants ont accepté, après des réticences initiales, de se faire rapatrier en zone libre. Les Allemands souhaitaient en effet se débarrasser de ce qu'ils appellent : « les *bouches inutiles* ». Mais cela ne leur suffit toujours pas. De nombreux civils français et belges sont déportés, au titre du travail forcé, en particulier dans les Ardennes. Tous les hommes nés entre 1886 et 1900 doivent maintenant avoir une carte d'identité bleue. Pour les autres, elle est grise. Interdiction nous est faite, de sortir entre 18 heures et 7 heures.

Refusant de nous faire recenser, nous sommes sans papiers officiels allemands, donc clandestins et hors la loi. Les risques d'être dénoncés et arrêtés augmentent fortement.

En mars, à l'obligation de saluer les officiers allemands

sous peine de prison, on ajoute une amende. Cette année-là, la pêche et le ramassage de la camomille sont interdits. Les récoltes sont très mauvaises. La nourriture devient tellement rare que la ration quotidienne se compose d'un peu de pain noir, de quelques betteraves rouges et de choux-navets.

Le 22 avril, 800 Roubaisiens civils sont déclarés « *travailleurs volontaires* ». Des maires, au risque de l'arrestation et de la déportation, tentent de s'opposer aux ordres allemands, notamment en invoquant la convention de La Haye.
Pendant toute la Semaine sainte, il est prévu que, chaque soir, entre le 22 et le 30 avril, 2 000 personnes environ, de Lille, Roubaix et Tourcoing, seront envoyées à la campagne pour y travailler la terre.
Willot, un soir, me prend à part et me dit :
— Dis-moi, en tant que caporal, tu as l'habitude de t'adresser aux hommes, te faire obéir et savoir les jauger ? Je me trompe ?
— Non, c'était le cas à l'armée, mais aussi dans le civil, avant-guerre. Pourquoi ?
— On agit trop petit en ce moment, il faut coûte que coûte toucher une population plus grande. Mais pour cela, nous ne sommes pas assez nombreux. Il faut absolument que l'on recrute des volontaires. Aussi, je vais te confier une mission, mais il y a de gros risques, acceptes-tu ?
— Que faut-il faire ?
— Eh bien, François avait raison tu n'as pas froid aux yeux toi ! Voilà ce que je voudrais que tu fasses. Tu vas

t'infiltrer parmi les travailleurs de la Semaine sainte afin de recruter des hommes pour notre réseau. Fais bien attention, si tu es pris, personne ne pourra rien pour toi, c'est bien clair.
— C'est très clair. J'irai.
Ma mission s'est déroulée sans accroc, mais la « récolte » fut maigre. Je réussis à convaincre quatre hommes, dont un jeune de dix-sept ans. C'était bien peu, mais mieux que rien.

En mai, toutes les familles sont tenues de fournir à l'autorité allemande une certaine quantité d'orties, préalablement effeuillées et séchées. Je dois dire que beaucoup d'entre nous sont surpris de cette demande, moi le premier. Elles serviront, à ce qu'on nous dit, à fabriquer des cordes. Je n'ai jamais entendu parler de ça. Cela est-il possible ?
Les Allemands ne nous mènent-ils pas en bateau ?
Pour en avoir le cœur net, je vais demander une de mes voisines, qui a un certain âge, si elle connaît cela.
— Bonjour, Madame Lefebvre, vous allez bien ? Voulez-vous que je vous fasse un peu de feu ?
— J'ai si querre sans[1].
— Comme vous voudrez. Dites-moi, savez-vous si on peut fabriquer des cordes avec des orties ?
— Fin su, min garchon ![2]. Les fibres des orties, sont très longues et très solides. Un fil d'ortie de la grosseur d'un fil à coudre ordinaire ne peut être cassé à la main. Leur

---

1 Cela m'est égal, je n'aime autant pas.
2 Bien sûr mon garçon !

éclat et leur brillant donnent, aux tissus l'apparence d'étoffes de soie. La fibre d'ortie est la plus solide qui soit. Ils ne sont pas si bêtes ces boches, si tu veux mon avis.
Les Allemands font vraiment feu de tout bois, si j'ose dire.
En grands Seigneurs, les Allemands nous autorisent à conserver les feuilles pour les accommoder en soupe.
À l'heure du communiqué, pendant qu'une complice, Mlle Nollet le remplace au poste d'écoute, l'abbé Pinte, pour détourner les soupçons, sortait en ville. Malgré sa prudence, il est arrêté sur dénonciation, le 21 octobre 1916, et emprisonné à Loos-lez-Lille. Miraculeusement, Willot et moi échappons aux Allemands lors des perquisitions. On se réfugie chez l'un de ses amis, imprimeur, Monsieur Valkenaere.
Cette situation dramatique pour nous m'a permis d'apprécier à sa juste valeur la hauteur d'âme de Willot. Pour sauver ses amis, il réussit à se procurer de nouveaux caractères d'imprimerie et cela lui permet de convaincre l'ennemi qu'il s'est trompé de cible, la publication du journal peut continuer.

Le 30 octobre 1916, un décret institue le S.T.O., le Service du travail obligatoire, pour les hommes de quatorze à 60 ans, pour travailler dans les Z.A.B. : Zivil Arbeiter Bataillons (Bataillons de travailleurs civils). La municipalité, pour faire face au mouvement de mécontentement qui monte, spécifie que : « *Dans le territoire occupé, la commune doit se charger des devoirs de l'État, et ce, dans le cadre des pouvoirs qui lui*

sont accordés par l'Autorité allemande ».
Je réussis à y échapper. Mais pour combien de temps ?
Le 19 décembre est un jour sombre pour moi, Willot et Dubar sont arrêtés.
L'hiver de 1916-1917 est extrêmement froid. On relève jusqu'à moins dix-huit degrés. Les rigueurs de cet hiver entraînent de nouvelles perquisitions pour réquisitionner couvertures et matelas, et autres objets de première nécessité. Des Roubaisiens meurent de froid et de faim et les rues sont transformées en banquise. On n'a ni charbon, ni nourriture. Dans les maisons, on brûle tout ce qui peut l'être : chaises, rampes d'escalier, parfois l'escalier lui-même. Privés de tout, ou presque, notre souffrance est grande.
Après l'échec de Verdun, par crainte que les hommes, mais aussi les adolescents et les jeunes hommes ne puissent chercher à rejoindre les armées ennemies, les Allemands les surveillent encore plus et les encadrent dans de véritables bataillons de travail forcé que, nous les gens du Nord, avons surnommé les « *brassards rouges* », en référence à l'insigne qui les distingue. Tous les hommes de seize à 60 ans doivent le porter.
Le 10 avril 1917, Willot et Dubar sont traduits devant le conseil de guerre. Willot y déclare être le seul responsable de « L'Oiseau de France ». Le 17 avril, ils sont condamnés, à 10 ans de réclusion et sont transférés en Allemagne.
Pendant un temps, je suis désorienté et ne sais trop quoi faire. Bien vite, la femme de Joseph Willot, Marie-Louise, m'informe qu'elle est décidée à poursuivre la publication du journal. Ce que nous ferons jusqu'à la

libération.

Durant l'été 1917, les Allemands continuent les évacuations de populations vers la zone libre. Regroupés à Avesnes-sur-Helpe, les évacués ne sont autorisés à emporter que trente kilogrammes de bagages.

À partir du 26 septembre, « *La gazette des Ardennes* » paraît quatre fois par semaine
Les déportations en masse reprennent en 1918. Un premier regroupement, d'hommes et de femmes, est déporté à Holzminden[1]. Un second enverra les hommes vers la Lituanie et les femmes à Holzminden.

Le 1er janvier 1918, une édition spéciale du journal humoristique « *Simplicissimus* » est publiée en zone occupée par l'Allemagne.
En février, nouvelles évacuations des habitants des zones occupées, situées entre le front et la ligne Hindenburg, et cela malgré une période de froid exceptionnel. Il fait encore plus froid que l'hiver précédent. Le thermomètre est descendu jusqu'à moins vingt degrés.

Le 1er mars, les Allemands font évacuer Saint-Quentin sous la neige, l'évacuation complète des habitants prendra dix-huit jours. Les habitants sont envoyés à Cateau-Cambrésis, à Landrecies, à Maubeuge, dans les

---

1 Holzminden est une ville industrielle du sud de la Basse-Saxe en Allemagne, capitale du district du même nom, faisant partie de la région administrative de Hanovre.

Ardennes et dans l'est de la Belgique.
Le 21 mars se déroule la deuxième bataille de Picardie.
Le 8 août, c'est la troisième bataille de Picardie.

En septembre 1918, on apprit que les Allemands cherchaient un armistice. Ils subissaient partout des revers et ils étaient sous pression chez eux. Nos informations laissaient entendre qu'une attaque des alliées se préparait sur toute la longueur du front. Le fait est que le 26, on apprenait que les Anglais et les Belges commençaient à pousser vers Gand, en Belgique. Le 28, d'autres armées anglaises et françaises attaquaient par le nord. Il était prévu que les Australiens attaquent la ligne Hindenburg puissamment défendue sur un pont terrestre d'une largeur de six kilomètres entre Bellicourt et Vendhuille où le canal de Saint-Quentin passait sous terre par un tunnel. Pendant deux jours, un bombardement d'artillerie précéda l'attaque. Les canons des Forces armées impériales australiennes étaient aussi en action au nord et au sud de la route de Menin, en Belgique, à moins de dix-sept kilomètres d'ici, pour soutenir l'énorme bombardement d'ouverture de l'Offensive des Flandres. Le bruit de quelque 3 000 canons en tous genres se faisait entendre jusqu'à Londres, à 190 kilomètres de là, a-t-on dit.

Le 30 septembre, la kommandantur fait évacuer de Lille tous les hommes de quinze à soixante ans, mais nombreux seront ceux qui parviendront à rester dans la ville.
Pour les Allemands c'était l'occasion d'exercer une

dernière fois leur malveillance sur les habitants de Roubaix.
Une mise à sac est froidement accomplie sans finalité de guerre, mais uniquement pour le plaisir de nuire. Des usines qui avaient jusque-là échappé à leur rapacité sont détruites. Quand, on leur reproche ce pillage, ils règlent la facture en bon de réquisition. Dans cette situation confuse, des usines entières sont aussi dépouillées au profit d'acquéreurs non allemands, voire d'anciens fournisseurs, faisant main basse sur leurs livraisons pour les revendre ou les détruire, espérant ainsi obliger leurs clients à passer de nouvelles commandes.

Ce mois d'octobre 1918 est très humide, il ne cesse de pleuvoir. Beaucoup de gens sont malades. Ils ont contracté la grippe qui viendrait, dit-on, d'Espagne.
Lorsque le 14 octobre, la 2e armée britannique du général Plumer occupe Menin, une terrible panique règne à la Kommandantur. Un grand brasier est allumé avec tous les papiers et documents de service.
Par un des membres de notre réseau travaillant à la mairie, j'apprends que les Allemands avaient fait part au premier adjoint faisant fonction de maire, M. Thorin, de leurs craintes, hypocrites, au sujet de notre ville. Ils voulaient demander aux Roubaisiens d'adresser une supplique aux pays neutres pour éviter que les bombardements alliés ne détruisent la ville et les Allemands se proposaient de la transmettre. M. Thorin, très courageusement, refusa. Si cette supplique avait été rédigée, elle aurait été apportée à la table des négociations de paix et les Allemands auraient passé

ainsi pour être plein d'humanité et le tour était joué.
Tenaces, ils reviennent à la charge par l'intermédiaire du fils d'un banquier berlinois, le capitaine Schraeder. Celui-ci tente de soutirer des notables une affirmation signée que les Allemands, contrairement à ce qu'affirme la presse, n'avaient pas procédé à des déprédations exécutées par cruauté et par plaisir.
Nouveau refus.
Le 15 de ce mois d'octobre, on apprend avec stupeur que le major Hoffmann, promu lieutenant-colonel pour son action à Roubaix, quitte la ville avant l'arrivée des Britanniques. En quittant la ville, il a l'outrecuidance d'affirmer qu'il a toujours : *« cherché à concilier ses devoirs de soldat avec le bien de la population. »*
Le 16, deux officiers, accompagnés de quatre soldats se présentent à la mairie et donnent l'ordre à M. Thorin de verser une contribution de six cent mille francs pour achat de charbon et frais de logement des troupes. Sur le refus du magistrat, ils se font ouvrir la caisse et prennent les quatre cent cinquante mille francs qu'elle contient. Devant la réaction indignée de l'assistance témoin de ce que l'on doit appeler un vol, ils consentent à laisser cent mille francs pour les secours urgents.
Dans la nuit du 16 au 17, des détonations successives ébranlent la ville : l'usine à gaz, les ponts et les écluses sont détruits, le canal est vidé de son eau, des maisons et la gare sont éventrées.
Il montrait ainsi sa fameuse conciliation, sans doute.
Vous comprendrez, sûrement que, pour nous, trois mots résument l'âme allemande : méchanceté, fourberie, cynisme.

Dans le courant du mois, on apprend, enfin, de bonnes nouvelles, Saint-Quentin, Lens, Armentières, Cambrai sont libérées et Valenciennes est évacuée. Les habitants sont dirigés vers Nivelles en Belgique. Le 14, les Allemands évacuent Lille, les habitants sont envoyés vers les lignes britanniques.

Le 17 c'est au tour de notre ville d'être libérée par l'armée britannique. L'arrivée des soldats français et britanniques a été saluée avec beaucoup d'enthousiasme. Avec la fin de ce cauchemar, sonne aussi l'heure des règlements de compte. Les femmes coupables d'avoir eu des relations avec des soldats allemands sont mises en marge de la communauté. D'anciens collaborateurs sont dénoncés et arrêtés, afin que puissent s'ouvrir des procès, d'abord, devant la justice militaire, puis, après la fin de l'état de guerre prononcé en octobre 1919, devant la justice civile. Une femme accusée d'avoir dénoncé aux Allemands la présence de deux soldats anglais qui ont été fusillés est condamnée par la cour d'assises de l'Aisne à la déportation à vie dans une enceinte fortifiée.

Si Roubaix n'est pas aussi touchée par les bombardements, que Lille, si les Allemands n'ont pas dégradé les demeures des riches filateurs, patrons de tissage, teinturiers, imprimeurs sur étoffes, par contre, les usines n'existent plus. Les 240 usines effectives en 1914 sont ruinées. Ils ont laissé leur toit aux pauvres gens, mais les métiers qui les faisaient vivres ont été brisés, détruits. Comme partout, la méthode allemande peut être fière de ses résultats.

Les 4, 5 et 6 novembre 1918, les kommandanturs sont

évacuées peu à peu. Le 11 novembre 1918, c'est la fin de la guerre, cessation des combats à 11 heures.
Enfin !
À la onzième heure du onzième jour du onzième mois de l'année 1918, le canon s'est tu sur le front occidental et, par là même, dans toute l'Europe. Les soldats vont pouvoir, enfin, sortir des tranchées, sans crainte de voir la mort faucher leur vie. La peur peut laisser place à la joie.
Mais à quel prix ?
Quelle famille n'a pas eu à pleurer un, voire plusieurs, de ses membres ?

XV

ET APRÈS…

De nombreuses régions, comme mon cher Nord, ont été transformées en champs de ruines. Le 11 novembre 1918, le Nord offre un spectacle de désolation et le tableau final des destructions dépasse tout ce que l'on peut imaginer. En décembre, un envoyé spécial du « *Morning Post* » décrit ainsi les villes de Lille et de Roubaix : « des villes mortes, à l'extrémité d'un désert ».

Pendant plus de quatre ans, le Nord a connu l'exploitation méthodique de toutes ses ressources tant économiques qu'humaines. Aux destructions, dues aux combats et aux bombardements, s'ajoute la mise à sac des bâtiments, des entreprises et des moyens de transport. Il n'y a plus que quatre chevalets de mines debout sur les 107 qui existaient avant-guerre. Il va falloir retirer 4 700 kilomètres de fil de fer barbelé, combler 7 850 kilomètres de tranchées. C'est, dans le cadre de la reconstruction, ce que ce « *ministère des régions libérées* » appelle à présent *« la zone rouge »*.

En lien avec le ministère des armées, ce ministère a produit une cartographie en trois niveaux des séquelles, représentés par trois couleurs :

La zone verte qui est caractérisée par des dégâts moyens.

Ce sont les zones de passage ou de stationnement des armées, avec d'éventuels restes de dépôts de munitions, de matériels, casemates ou déchets divers.

La zone jaune, correspond aux zones brièvement ou ponctuellement touchées par les combats, généralement derrière les lignes de front ou éloignées, où les infrastructures routières sont à peu près fonctionnelles après l'armistice, malgré les tranchées, trous d'obus, ou des sols localement criblés de projectiles « souvent non éclatés ».

Et la zone rouge qui correspond aux lignes de front des armées, où sont concentrés les dommages majeurs. C'est une balafre d'une trentaine de kilomètres de large. Les sols y sont bouleversés, et la terre y est polluée par les gaz, constellée de trous de bombes, d'obus éclatés ou non, de sapes, de mines, de cadavres et plus de 6 000 blockhaus en béton parsèment la campagne.

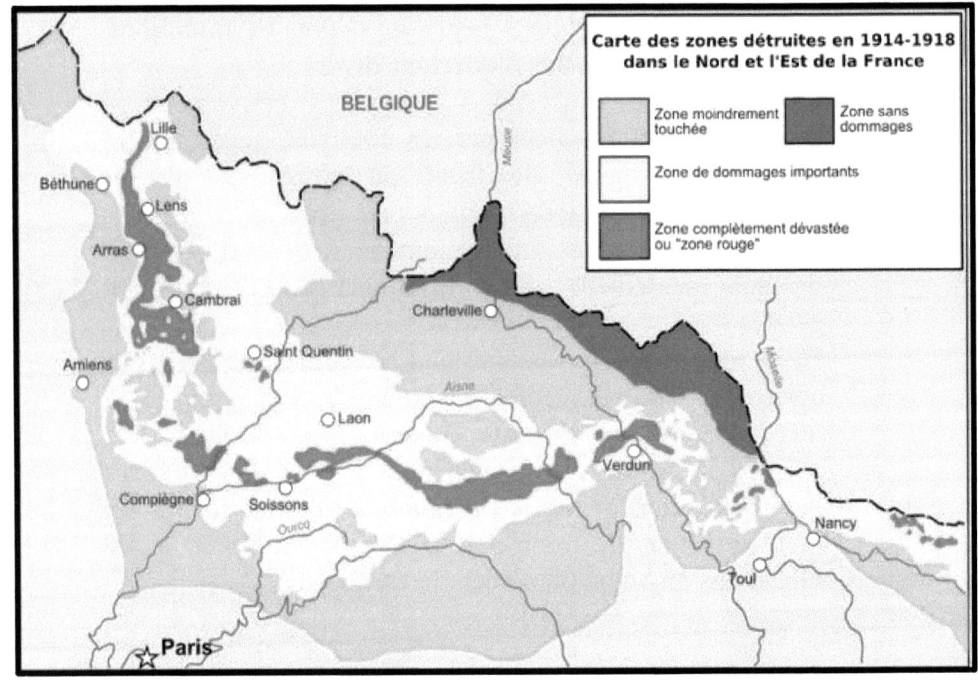

Les infrastructures industrielles, routières, ferroviaires — voies et matériel — ainsi que les ponts, les ports et les canaux y sont généralement totalement détruits. Les eaux ont envahi les parties basses et les ont transformées en marécages. Ailleurs, chardons et herbes sauvages donnent à la région un aspect de steppe. Le matériel agricole et le cheptel ont été perdus, volés ou détruits.

Les forêts ont été rasées, soit par l'artillerie soit par abattage systématique du bois destiné à étayer les tranchées. La forêt de Nieppe est, aux trois quarts, détruite, la forêt de Fourmies a été saignée à blanc, celle de Saint-Amand a été rasée sur 3 000 ha et le bois de Phalempin coupé aux deux tiers. La forêt de Marchiennes n'existe plus et est envahie par les eaux. La retraite allemande a consommé la perte de ce qui restait de la forêt de Mormal.

La dénomination de zone rouge n'a donc pas pour origine principale le sang versé, ni le rouge des coquelicots qui poussent sur la terre labourée et cent fois retournée par les obus, mais elle les évoque néanmoins inévitablement dans les esprits.

Les observateurs sont convaincus que l'essentiel de *« la zone rouge »* est trop dévasté pour permettre une remise en état. Mais les fonctionnaires d'État et les journalistes se trompent et négligent l'attachement viscéral qui nous unit à notre terre. Il est vrai que le travail est incommensurable. Il faudra d'abord nettoyer le sol des obus non explosés, évacuer la terre saturée de gaz toxiques, niveler le terrain perturbé par le labyrinthe des tranchées. Il faudra aussi extraire les corps des combattants, et toutes les formes de détritus de la guerre industrielle.

Malgré la paix revenue, la population du Nord va rester, encore pendant de longs mois, isolée du reste de la France.

Pour bien mesurer l'état de notre région, les journalistes suiveurs de la première course cycliste Paris-Roubaix d'après-guerre, le 20 avril 1919, parleront « d'enfer du

Nord ».
Le 15 novembre, les Allemands ont réintégré leur territoire. Le 22 novembre, la démobilisation commence par les classes les plus anciennes. Les classes 1897, 1898 et 1899 ne seront démobilisées qu'à partir du 15 février 1919.
Mes frères le seront en mars.
Mes amis du journal et Joseph Willot sont eux aussi libérés. Mais Joseph, soumis à un régime exceptionnel de sévérité, étant considéré comme « *un Français des plus fanatiques contre l'Allemagne* », revient gravement malade. Il décédera en 1919. Considéré comme un héros, il recevra, à titre posthume, la Croix de la Légion d'honneur. Son épouse sera élevée à la même distinction.

Ces quatre années de conflit ont fait sûrement des millions de morts, combien exactement, on l'ignore encore.
À présent, les États européens vont entrer dans la paix avec des dettes énormes contractées pour l'essentiel auprès des États-Unis. Ces derniers apparaissent comme les grands vainqueurs même si leurs soldats n'ont participé que de façon marginale au conflit.
Le jour de la délivrance laissera, sans doute, un plus grand souvenir que celui de l'armistice, mais s'ouvre pour nous une période de désillusion.
Beaucoup de gens, dans le Nord, comparent avec amertume le sort qui leur est réservé à celui des

Alsaciens-Lorrains. Nous, gens du Nord, avons le sentiment de ne pas être la priorité du gouvernement[1]. Pourtant la population a le sentiment d'avoir fait preuve d'un grand patriotisme, comme le montre le nombre relativement faible de procès pour intelligence avec l'ennemi, même si on observe, de façon marginale, de l'accommodement, des relations amoureuses ou quelques cas de collaboration. Mais la suspicion de la Nation contre nous, qui avons été durablement en contact avec l'occupant est d'autant plus insupportable. C'est peut-être en raison de cette suspicion que doit se mettre en place une reconstruction morale, parallèlement à la reconstruction matérielle de notre région. Le 18 janvier 1919, une conférence internationale pour la paix s'est ouverte à Paris. Elle est organisée par les vainqueurs afin de négocier les traités de paix entre les Alliés et les vaincus. À présent, on se doit de construire une paix durable, cette guerre devrait être la « *Der des ders* ».
Quatre ans plus tard, que suis-je devenu ?
Au moment où j'écris ces lignes, je crois que je ne suis plus tout à fait comme avant. J'étais un homme comme tant d'autres, mais je suis revenu le corps brisé, meurtri, marqué. Mon organisme est détérioré, par les efforts surhumains que j'ai dû accomplir.
Mon cœur est marqué, par les souffrances endurées sous l'occupation, après ma réforme. Mon cerveau est encore

---

1   Dans les ruines des villes et des villages détruits, des baraques temporaires, faites de matériaux de récupération, ne tardent pas à éclore. Il faudra une décennie d'intenses efforts, soutenus par les crédits de l'État, pour que le paysage soit reconstitué.

contaminé par les scènes d'horreurs que j'ai vécues, quant à mon nez, il ne peut, et je crois, ne pourrai jamais, oublier les odeurs suffocantes des cadavres d'hommes et de chevaux que l'on ne peut pas aller chercher et qui pourrissent sur place, ni celles de la boue, des corps sales de plusieurs jours, de la poudre, des gaz, des excréments et j'en passe…

Le pouvoir des mots me semble bien faible pour dépeindre ce que fut la réalité de cette tragédie. Des vies anéanties, des êtres humains déchiquetés, gazés, défigurés, des disparus et des morts, des millions de morts, sans doute, de toutes nationalités. La guerre est l'une des souffrances humaines des plus difficiles à raconter. Cela vient, je pense, du fait qu'aucun récit, quel qu'il soit, ne pourra rendre pleinement compte de la souffrance subie et qui nous marquera à jamais.

Puis la maladie s'est invitée dans cette danse macabre. La grippe dite « espagnole » a fait des ravages dont l'ampleur n'est pas évidente à chiffrer.

On se déclare vainqueur. Mais vainqueur de quoi, de qui ?

Avec la Belgique, nous sommes persuadés que l'Allemagne va payer les dégâts résultants.

Ne sont-ils pas les responsables ?

Leur culpabilité est reconnue par tous.

Comment pourra-t-on réparer tout ce qui a été détruit ?

Il faut de l'argent. Seuls, les Américains pourraient nous en fournir, or, ils s'isolent. Ils optent pour le protectionnisme et ils n'ont pas participé à la conférence monétaire internationale de Gênes. Sans leur aide, nous avons été contraints d'humilier et d'écraser les vaincus,

au risque d'empêcher toute réconciliation durable. Pour parer à cette absence d'aide des États-Unis, nous avons exigé de l'Allemagne des réparations démesurées. On leur a demandé de verser vingt milliards de marks or dans les deux ans qui suivirent la signature du traité de paix.
Où trouver une telle somme après quatre années de chaos ?
Voilà où on en est.
Maintenant, il va falloir reconstruire et surtout nous reconstruire. Déjà de profonds ressentiments se manifestent, qui ne présagent rien de bon, selon moi.
Et comme aurait dit mon père qui nous a quittés :
« *Celui qui se vante trop haut de son succès aiguise déjà l'instrument de sa perte.* »
J'espère me tromper pour que personne ne revive ces inhumanités.
J'ai un dernier combat à mener, celui de témoigner, de me libérer de ce fardeau, de ces heures noires, pour me permettre d'exister, à nouveau.
L'intercession des mots me permet de lutter, d'exprimer ma colère, mon impuissance, de libérer mon esprit, de me délivrer de mes angoisses et de mes souvenirs envahissants.
Écrire est pour moi un acte où j'ai pu faire éclater ma rage, cela a redonné un sens à ma vie et me permettra, j'espère d'en finir avec cette guerre.
Voilà, je l'ai fait.

Roubaix, 1922

ROUBAIX DE NOS JOURS

Patrice referme le cahier, il l'a lu d'un trait, oubliant la chaleur, le temps. La pénombre et l'odeur du lieu aidant, Patrice s'imagine, pendant quelques instants assis au fond d'une tranchée. Les bruits de la guerre résonnent encore dans sa tête. Il reste là, de longues minutes, n'osant plus bouger.

Il a, au fond du cœur, le sentiment qu'avec ce témoignage, son arrière-grand-père a voulu laisser un message.

Mais lequel?

Peut-être voulait-il dire que les hommes craignent la mort et attirent la mort en se plaisant à traiter les autres avec inhumanité. C'est comme s'ils craignaient l'ivresse et buvaient le plus possible…

Remerciements :

À la famille de Pierre D. pour le prêt et l'autorisation d'utiliser, non pas un cahier imaginé pour la nécessité du roman, mais ses carnets et la photo de leur famille.

À Nelly MEYNIEL, pour sa relecture et ses précieux conseils.

Aux Archives municipales de Roubaix.

Exposition numérique « La fleur au Fusil », Médiathèque de Roubaix. www.bn-r.fr

À Philippe Nivet, professeur à l'université de Picardie. Conférence prononcée devant la régionale Picardie de l'Association des professeurs d'histoire géographie le 11 avril 2007.

****

Les notes et les cartes sont de l'auteur.